STEVEN R. MUSICK
MIT PAUL J. PASTOR

Im Himmel
wurde ich heil

Wie ein Nahtod-Erlebnis
mein ganzes Leben veränderte

BRUNNEN
Verlag GmbH · Giessen

Die englischsprachige Originalausgabe erschien unter dem Titel
„Life after Heaven – How my time in heaven can transform
your life on earth" bei Waterbrook, New York.
Alle Rechte vorbehalten.

This translation published by arrangement with WaterBrook Press,
an imprint of the Crown Publishing Group,
a division of Penguin Random House LLC. WaterBrook®
and its deer colophon are registered trademarks
of Penguin Random House LLC.

Bestimmte Namen in diesem Bericht wurden geändert,
um die Persönlichkeitsrechte der betreffenden Personen zu schützen.
Rückschlussmöglichkeiten auf reale Personen
sind damit zufällig und nicht beabsichtigt.

Deutsch von Dr. Friedemann Lux

MIX
Papier aus verantwor-
tungsvollen Quellen
FSC® C014496

© der deutschen Ausgabe Brunnen Verlag Gießen 2018
Umschlagfoto: Shutterstock
Umschlaggestaltung: Daniela Sprenger
Satz: DTP Brunnen
Druck: GGP Media GmbH, Pößneck
ISBN Buch 978-3-7655-0986-5
ISBN E-Book 978-3-7655-7506-8

Inhalt

Die beiden wichtigsten Tage in deinem Leben sind der,
an dem du geboren wurdest,
und der, an dem du herausfindest, warum.
Mark Twain

Dieses Buch ist einer Löwin von Frau gewidmet.
Ich lernte sie 1975 kennen. Wir heirateten 1978.
Sie ist der einzige Grund dafür, dass ich heute noch lebe.
Elaine ließ sich mit einem intelligenten Typen ein,
der beim Thema Beziehungen ein Zwerg war.
Aber gemeinsam bauten wir ein tiefes und reiches Leben.
Elaine J. Musick ist eine Weltklasse-Lady.
Für mich ist sie ein in menschliche Haut
gekleideter Engel, den Gott mir schickte,
um mich zu retten und vollständig zu machen.
Sie ist, mit einem Wort, eine Gabe Gottes.
Dieses Buch ist mein Geschenk an sie;
Elaine ist auf jeder Seite anwesend.

Wie dieses Buch entstand

Ich hatte mich in einem nahe gelegenen Kloster zum Schreiben zurückgezogen, als mein Telefon klingelte. Es war ein guter Freund, der seit Kurzem in einem Verlag arbeitete. „Ich habe da was, was dich interessieren könnte", sagte er. „Hör mir zu und leg nicht auf. Es ist eine Geschichte über jemanden, der im Himmel war und zurückgekommen ist."

Hätte ich Andrew nicht so gut gekannt, ich hätte gelacht und das Gespräch beendet. Andrew wusste gut, was ich von den Büchern von „Himmelstouristen" hielt, wie ich sie nannte. Ich glaube zwar, dass viele von ihnen auf realen Erfahrungen beruhen, aber ich finde die Art, wie diese Geschichten erzählt werden, zu reißerisch, zu einseitig auf das Thema „Was nach dem Tod kommt" konzentriert und auch (Entschuldigung) ziemlich kitschig. Ich war also skeptisch.

Aber ich kannte Andrew und vertraute ihm und so sagte ich: „Schieß los."

„Also, ich finde, du solltest dich mal mit Steve unterhalten", fuhr er fort. „Er hat ... so ein gewisses Etwas."

Ich ließ mich breitschlagen, und zwei stundenlange Telefongespräche später (mit diesem Steven Musick) musste ich Andrew recht geben. Dieser Steven hatte in der Tat ein gewisses Etwas, etwas Echtes, Ehrliches, Tiefes. Der Mann war freundlich und auf eine stille Art anziehend. Ich fand nicht nur, dass seine Nahtod-Geschichte echt war und dass man sie drucken konnte. Steven hatte darüber hinaus auch eine Leidenschaft, die ich in den bisherigen Geschichten von Christen, die den Himmel besucht hatten, nirgends gefunden hatte: Ihm war das Diesseits wichtig, die irdische Welt, in der wir jetzt leben. Er wollte seine Erfahrungen mit Jesus im Himmel für unser irdisches Leben mit Jesus übersetzen. Ein paar Wochen später wusste ich: Jawohl, ich wollte Steven helfen, seine Geschichte zu erzählen und unter die Leute zu bringen.

Stevens Geschichte ist kein Fall von Vertröstung auf das Jenseits, nach dem Motto „Das Schönste kommt noch – warte, bis du stirbst", sondern in dieser Geschichte, die vom Leben, vom Tod und vom erneuten Leben eines Mannes handelt, drückt sich eine meiner tiefsten geistlichen Überzeugungen aus: Gottes Wirken in dieser Welt ist viel mehr, als dass er die Menschen irgendwann in den Himmel holt. In einer geheimen Fülle lässt er den Himmel auf die Erde herabkommen. „Der Himmel ist uns viel näher, als man uns beigebracht hat", sagt Steven immer wieder, ob in Vorträgen oder im persönlichen Gespräch. Die Geschichte, die Sie gleich lesen werden, illustriert diese Wahrheit wie keine andere, die ich je gehört habe.

Was mich in unseren Gesprächen über Stevens großes Erlebnis am meisten beeindruckte, war das schier überwältigende Gefühl: Als er von dem weißen Tunnel erzählte und von dem, was danach kam, schilderte er nicht nur eine Geschichte, sondern eine Erinnerung. Was er da sagte, war wirklich passiert! Und es hatte sein Leben komplett verändert.

Während der Arbeit an diesem Buch habe ich Steven

als Freund kennen und schätzen gelernt. Wir saßen nicht nur viele Stunden lang mit Notizbüchern und Rekordern zusammen; in den Pausen beteten, aßen und lachten wir zusammen, wanderten zu Wasserfällen im schönen Oregon und kurvten im Auto durch die Landschaft. Wir tauschten Geschichten über unsere Familien, unsere Arbeit und Hobbys aus. Wir stärkten uns mit Hamburgern und Burritos. Wir fachsimpelten über das Angeln. Steven lernte meine Frau und meine Kinder kennen und aß mit uns Spaghetti. Er ist ein unkomplizierter Mann, mit dem man gut auskommt. Aber immer wieder musste ich an Andrews Worte denken: „Er hat … so ein gewisses Etwas."

Ja, das stimmt. Und ich glaube, dieses „gewisse Etwas" an Steven ist der Himmel – der Himmel nicht als „irgendwo da oben", sondern als etwas, das ganz nah ist. Näher, als wir immer gedacht hatten. Ich wünsche Ihnen, dass Sie Steven irgendwann einmal selbst kennenlernen und dies spüren können.

Ich war lange skeptisch. Als wir uns über meine Mitarbeit an diesem Buch einigten, wusste ich erst nicht so recht, ob ich wirklich meinen Namen auf der Titelseite haben wollte. Nun, das hat sich geändert. Heute bin ich stolz darauf, an dem, was Steven zu sagen hat, beteiligt zu sein.

Die Zusammenarbeit mit ihm hat mir die Augen dafür geöffnet, dass sein Bericht über das Andere Land es wert ist, dass viele ihn lesen – auch Sie. Doch da ist noch mehr. Ich habe auch ganz persönlich erlebt, was für eine Macht in dem Wissen um die wunderbare Nähe des Himmelreiches liegt. Ich weiß: Ich darf hoffen. Hoffen – nicht nur auf Gottes Gegenwart nach dem Tod, sondern schon hier und jetzt. Ich darf Hoffnung haben für dieses Leben.

Stevens erstaunliche Geschichte hat mir diese Hoffnung greifbarer gemacht als je zuvor in meinem Leben.

Es ist mein Gebet, dass sie auch Ihnen diese Hoffnung bringt.

Paul J. Pastor

Einleitung

Mein Leben auf der Erde ist durch ein Erlebnis im Himmel beeinflusst worden. Die Jahre meines Lebens sind ganz entscheidend durch meine Nahtod-Erfahrung geprägt worden.

Es fällt mir heute noch schwer, über das gewaltige Erlebnis zu sprechen, das ich in diesem Buch schildere. Ich brauchte zehn Jahre, bis ich meiner Frau davon erzählen konnte, und weitere fünfundzwanzig, bis ich öffentlich darüber reden konnte. Das liegt zum Teil daran, dass das Reden über dieses Erlebnis in mir eine tiefe, unbeschreibliche Sehnsucht danach berührt, wieder zurückzugehen. Nichts, absolut nichts in dieser Welt kann man mit der Freude vergleichen, die man dort erlebt. Wer sie einmal erfahren hat, möchte nicht mehr hier auf dieser Erde sein; er will mit jeder Faser zurückgehen. Und diese Sehnsucht ist so stark und so unbeschreiblich, dass man fast ein schlechtes Gewissen bekommt, weil man am liebsten nicht mehr hier sein möchte, hier bei seiner Familie. Aber ich weiß: Noch ist es nicht so weit. Aber er wird kommen, der Tag, an dem ich zurückgehen werde.

Seit meinem Himmelserlebnis habe ich keinerlei Probleme mehr mit meinem christlichen Glauben. Ich erlebe jede Menge anderer Kämpfe, aber die bange Frage, ob ich wirklich erlöst bin, gehört nicht dazu. Als ich aus dem Lichttunnel hinaus in die Gegenwart von Jesus geworfen wurde – wie Sie hier lesen werden –, wurde mein Glaube zum Schauen. Dieses Erlebnis hat mir eine tiefe Gewissheit gegeben. Ich *weiß*, wie es sein wird, wenn ich wieder dorthin gehe. Ich habe den Himmel gesehen. Ich habe es am eigenen Leib erfahren, dass Jesus meine Heimat ist. Ich brauche nicht zu glauben, ich muss mich nur erinnern. Es ist alles unverändert echt, wirklich, taufrisch. Und ich weiß: Eines Tages werde ich dorthin zurückkehren, für immer.

Aber sosehr ich mich auf die Rückkehr in das Andere Land freue – ich spüre auch eine tiefe, leidenschaftliche Berufung, bis dahin ganz hier auf dieser Erde zu sein. Sosehr ich mich danach sehne zurückzukehren – ich möchte Gottes Gegenwart und sein Wirken hier und jetzt erleben, dort, wo wir leben und arbeiten und weinen und spielen und einen Vorgeschmack von Gottes Gegenwart und dem Himmel bekommen. Ich möchte, dass mein Leben eine Art Vorschau auf die kommenden Freuden ist. Ich möchte, dass die Menschen um mich herum ein Stückchen Himmel erleben, eine Ahnung davon bekommen, wie Jesus ist und wie der Vater ist.

Ich weiß, dass es nicht möglich ist, dieses perfekte Land auf dieser unvollkommenen Erde nachzubilden. Aber ich finde, wir sollten es versuchen, denn ich weiß: Dieses Andere Land ist das, wozu wir erschaffen sind und was wir alle wollen. Alle. Zum Teil ist Gottes Reich schon hier und jetzt sichtbar, auch wenn wir auf die ganze Fülle dieser Freude noch warten müssen. Sie und ich, wir können es für Augenblicke sehen und willkommen heißen, das Himmelreich, über das Jesus so oft predigte, als er über diese Erde ging.

Wir können es schon jetzt spüren. Wir können es schon jetzt schmecken, auch wenn es nur ein Vorgeschmack ist.

„Dein Reich komme. Dein Wille geschehe wie im Himmel so auf Erden" (Matthäus 6,10).

Ich glaube, dass wir das bekommen sollen.

Und ich glaube, dass wir es auch bekommen können.

Um einen Vorgeschmack auf das Reich Gottes zu bekommen, müssen Sie nicht ein Erlebnis haben, wie ich es hatte. Sie und ich können dieses Reich hier und jetzt spüren und erkennen. Wir können sogar lernen, solche Augenblicke vorauszuahnen. Ich glaube, dass mein Tod etwas sein kann, wofür es sich zu leben lohnt. Ich möchte damit nicht anmaßend klingen, aber ich glaube, dafür bin ich hier. Das ist der Grund, warum ich nicht dort bleiben konnte: dass ich Ihnen davon erzählen soll.

Schauen Sie, dies ist mehr als eine Geschichte über das Leben nach dem Tod.

Dies ist eine Geschichte über das Leben nach dem Himmel.

TEIL I

VON DER ERDE ZUM HIMMEL

1

Nur nicht auffallen

Ich stehe mit meinem blauen Subaru-Kombi an einer sechs-spurigen Kreuzung vor der Ampel, nicht weit von zu Hau-se. Durch die Windschutzscheibe sehe ich eine milchig-rote Sommersonne über den Bergen von Colorado untergehen. Der Himmel ist dunstig.

Links von mir, auf der Linksabbiegerspur, hält ein weißer Möbelwagen an, rechts von mir, auf der Rechtsabbieger-spur, ein ebenfalls weißer Lieferwagen. Wir warten darauf, dass die Ampel grün wird.

Die beiden Wagen nehmen mir jede Sicht nach rechts und links. Jetzt zeigt die Ampel Grün, aber die weißen Lkws rühren sich nicht von der Stelle. Ob die Fahrer gerade telefonieren? Ich trete aufs Gaspedal.

Ich fahre auf die Kreuzung – direkt vor einen grünwei-ßen Müllwagen, der bei Rot weitergerast ist. Der Koloss kracht von links in mein Auto, zerschneidet es förmlich. Splitterndes Glas, ich spüre, wie meine Knochen brechen. Dann bin ich tot.

Dann wache ich auf. Es war nur ein Traum. Es ist eine warme Nacht im Juni 2011. Das Schlafzimmer ist dunkel, mein Herz rast. Die Luft fühlt sich schwer an, als ob ein unsichtbares Bleigewicht auf mir lastet. Elaine, meine Frau, schreckt hoch; sie spürt, dass gerade etwas passiert ist. „Was war das?!"

Noch ganz benommen erzähle ich ihr den Traum. Wir beten zusammen, ernst und inständig. Wir liegen in dem dunklen Zimmer auf unserem Bett und spüren es beide ganz deutlich: Dieser Traum bedeutet etwas; da hatte gerade Gott geredet.

Die nächsten drei Wochen bitten wir Gott jeden Tag, uns zu zeigen, was der Traum bedeutete. *Herr, was sollen wir tun?* Wir haben Angst und zermartern uns den Kopf, aber die Antwort will nicht auftauchen. Die Tage gehen ihren normalen Gang und unser Leben geht weiter.

Am Ende der drei Wochen bin ich mit dem Auto unterwegs und halte an einer sechsspurigen Kreuzung an. Über den Bergen von Colorado geht eine blasse Abendsonne unter. Die Ampel zeigt Rot – wie Blut oder wie Feuer. Links von mir hält ein weißer Möbelwagen an, rechts ein weißer Lieferwagen. Sie nehmen mir die seitliche Sicht.

Diese Szene kenne ich doch? Mein Gehirn beginnt zu rattern. Jetzt begreife ich.

Die Ampel schaltet von Blutrot auf Grün. Die beiden Lkws rühren sich nicht von der Stelle. Ich auch nicht. Ich beginne, die Sekunden zu zählen. Eins. Nichts. Zwei. Nichts. Drei. Nichts. Vier … Von links kommt das grün-weiße Müllauto angeschossen. Dass es Rot hat, stört den Fahrer nicht. Er rast über die Kreuzung, dann ist er weg. Die beiden weißen Lkws fahren an.

Ich gebe Gas und fahre über die Kreuzung. Dahinter ist eine Haltebucht und ich fahre hinein. Ich zittere, mir dreht sich der Magen um. Tief in meinem Herzen höre ich, wie Gott zu mir sagt: *Ich kann dich jederzeit zurück*

nach Hause holen. Ich möchte, dass du endlich deine Ge-
schichte erzählst.

Ich atme ein und aus, ein und aus, tief und lang. Der
Sauerstoff macht mich ruhiger. Seit Jahren (warum, werden
Sie bald erfahren) hatte ich mich gefragt, warum ich noch
lebte, und die Gespräche mit meiner Frau und meinen besten Freunden drehten sich schon eine Weile immer wieder
um dasselbe Thema: „Ich glaube, Gott will, dass du deine
Geschichte erzählst."

Als ich dort in meinem Auto saß und mein Adrenalin-
spiegel langsam wieder nach unten sank, wusste ich: Sie
hatten recht.

Denver, Colorado. Die Stadt in den Bergen. Luft, Sonne
und eine Landschaft wie in den Alpen. Hier wurde ich 1956,
auf dem Höhepunkt des Baby-Booms, geboren, als Sohn
einer alteingesessenen Familie.

Mein Vater arbeitete mal hier, mal dort, dazwischen war
er oft lange arbeitslos. Er schien einfach nicht zurechtzukommen in seiner Arbeitswelt. Meine Mutter machte das
dadurch wett, dass sie ständig beschäftigt war und meist
keine Zeit hatte. Meine Eltern waren da – aber nicht für
mich.

Ich war der jüngere von zwei Söhnen, mein Bruder war
zwei Jahre älter als ich. In den Zeiten, als unser Vater Arbeit
hatte, wuchsen wir als Schlüsselkinder auf. Mein Bruder
nutzte es gründlich aus, dass meine Eltern körperlich und
seelisch so oft fort waren, und quälte und plagte mich mit
Wonne. Er genoss es, mich windelweich zu prügeln, einfach weil er der Stärkere war. Als Junge hatte ich öfters Al-

lergien, die mit Spritzen behandelt wurden. Wenn ich vom Arzt zurückkam, wartete mein Bruder die passende Gelegenheit ab. Dann boxte er mich, so fest er konnte, auf die Einstichstelle, worauf diese furchtbar anschwoll. (Als mein Bruder erwachsen war, stellte man fest, dass er manisch-depressiv war. Diese Diagnose half mir endlich, die traumatische Beziehung zwischen uns als Kinder zu verstehen und ihm zu vergeben.)

Mein Bruder war kräftig und schnell und ein exzellenter Sportler. Dies machte ihn, vielleicht neben seinen manischen Phasen, zu jemandem, den die anderen bewunderten. Wenn er einen Raum betrat, war er sofort der Mittelpunkt der Aufmerksamkeit: wie ein Football-Star, der durch den Flur seiner Highschool stolziert. Sobald er durch die Tür kam, sahen die anderen nur noch ihn.

Aber mit seinen ernsten Verhaltensstörungen war er für meine Eltern ein ziemliches Problem. Meine Mutter wusste nicht, wie sie ihm begegnen sollte, und mein Vater hob beschwichtigend die Hände und versuchte sich wenig überzeugend als Friedensstifter.

Weil ich keine sportlichen Begabungen hatte, stand ich ständig im Schatten meines Bruders. Aber ich war ein guter Schüler, und so fand ich meine Identität darin, das Superhirn zu sein. Was mir jedoch ehrlich gesagt nicht die gleiche Anerkennung unter den Mitschülern brachte wie Hochleistungen beim Fußball oder Turnen.

Kurz und gut: In meinen Kindheits- und Schuljahren war ich eine graue Maus. Das Leben war so, wie es halt war, und ich lernte es, mich durchzuschlagen.

Ich bin nicht nachtragend. Heute habe ich keine Probleme mehr mit meinem Bruder. Auch nicht mit meinen Eltern. Sie sind inzwischen beide im Himmel, und in späteren Jahren durften wir erfahren, wie unsere Beziehung heil wurde. Trotz all der Schläge und Nichtbeachtung, die ich als Kind erfahren hatte, hatten wir ein echtes Familienleben. Ich habe nie an der Liebe und Fürsorge meiner Eltern gezweifelt. Mit einem Sohn, der sie so brauchte wie mein Bruder, waren sie schlicht überfordert. Was ich an ihrer Stelle gemacht hätte, weiß ich nicht.

Was ich bei meinen Eltern emotional vermisste, glichen sie auf der geistlichen Seite aus. Von meinem ersten Atemzug an wirkte Gott in meinem Leben. Wir gehörten zur Episkopalkirche (dem amerikanischen Zweig der Anglikanischen Kirche) und unsere Mitgliedschaft bestand nicht nur auf dem Papier. Mit sieben Jahren nahm ich Jesus Christus als meinen Erlöser und Herrn an, obwohl ich heute sagen muss, dass ich damals noch nicht begriff, was das alles bedeutete. Ich nahm am Katechismusunterricht teil, war eine Zeit lang Ministrant und liebte die Gottesdienste. Als unser Gemeindepfarrer für den Ostergottesdienst einen Ministranten brauchte, fiel seine Wahl auf mich. Das war ein echtes Erfolgserlebnis. Hier fühlte ich mich geborgen, hier wurde ich gesehen, hier war ich endlich anerkannt.

Mit die wichtigste Erinnerung aus meiner Kindheit ist die Zeit, als meine Mutter wegen einer größeren Operation im Krankenhaus war und mein Vater wieder einmal keine Arbeit hatte. Eines Abends kam unser Pfarrer uns besuchen. „Chuck", sagte er zu meinem Vater, „wir haben seit drei Monaten keinen Zehnten mehr von dir bekommen. So kenne ich dich gar nicht. Ich mache mir Sorgen. Ist alles okay bei euch?"

Der Pfarrer wusste es nicht, aber mein Vater hatte uns gerade das Schulmittagessen für den nächsten Tag gerichtet – mit den letzten Lebensmitteln, die wir noch im Haus hatten. Er erklärte unserem Pfarrer, dass wir gerade kein Geld hatten, wegen Mutters Krankheit und seiner Arbeitslosigkeit.

„Ah, so ist das also", sagte er, Mitgefühl in der Stimme. Die beiden beteten und der Pfarrer ging. Mein Vater saß mit dem Kopf in den Händen am Küchentisch und weinte. Am nächsten Morgen gingen mein Bruder und ich zur Schule, mit dem bisschen, was unser Vater uns für die Mittagspause mitgegeben hatte. Wir hatten nichts mehr im Haus.

Als ich am Nachmittag aus der Schule kam, war die Vorratskammer voll, ebenso der Kühlschrank. Voller Begeisterung tauchte ich ein Plätzchen nach dem anderen in kalte Milch und aß und aß.

Später erfuhr ich, dass diese Herrlichkeiten aus der Kasse des Pfarrers für besondere Notfälle stammten. Die Gemeinde fing an, uns mit den nötigen Lebensmitteln zu versorgen; falls es nicht reichte, sollten wir uns melden. Das war eine wichtige Phase in meinem Leben. Zum ersten Mal war mir bewusst, dass das, was wir im Sonntagsgottesdienst machten, ja etwas mit dem Rest der Woche zu tun hatte. Der Glaube und das Leben gehörten zusammen! So sollte das also sein im Reich Gottes: Der Sonntag war wichtig, aber er war nicht das Einzige. Dass die Musicks am Freitag genug zu essen hatten, war unseren Brüdern und Schwestern im Glauben genauso wichtig wie der Gottesdienst am Sonntag. Wir gehörten zu einer großen Familie.

Nach und nach wuchsen die Wurzeln meines Glaubens. Allerdings habe ich heute den Eindruck, dass ich den Glauben damals vor allem mit Bibelkenntnis gleichsetzte. Ich wusste einiges über Gott, aber ich kannte ihn nicht wirklich persönlich. Mein Vater las uns zum Schlafengehen immer aus der Bibel vor. Er, der so freundlich, sanft und aufmerksam war, wenn mein Bruder nicht dabei war, schenkte mir mit diesen Abendstunden seelische Oasen, wo ich mit ihm allein sein konnte. Das waren die Augenblicke, in denen ich mich am meisten geliebt und angenommen fühlte. Ich liebte diese biblischen Geschichten. Josef, Daniel, David, Jesus – das waren Helden, die mich beeindruckten. So wollte ich auch werden; ich wollte auch solche Wunder erleben, auch eine Hauptperson in einer großen Geschichte sein.

Ich glaubte, ziemlich gut zu wissen, wer Jesus war. Da ich regelmäßig in der Bibel las, wusste ich, dass Jesus voller Liebe war. Er war auch mutig und sehr aktiv, er hatte eine hohe Berufung und er liebte Kinder. Ich wusste, dass er das genaue Ebenbild Gottes, des Vaters, war. All das wusste ich, aber eine echte Beziehung zu Jesus bzw. zu Gott hatte ich eigentlich nicht. Mein Glaube hatte wenig mit meinem Leben zu tun. Gott war irgendwo da oben, weit weg. Ich konnte mir genauso wenig vorstellen, dass man eine Beziehung zu ihm haben konnte, wie dass man eine zu George Washington oder Karl dem Großen haben konnte. Ich hatte nicht den Eindruck, dass ich, Steven R. Musick, Gott persönlich wichtig war oder dass er eine Beziehung zu mir haben wollte. Er war eine Realität und er liebte mich, aber er war weit weg. Wie konnte ich ihm wichtig sein? Was für einen Grund hatte er, überhaupt Notiz von mir zu nehmen? Ich kannte ihn, nun ja, ein bisschen. Aber kannte er mich?

Und ein Christ zu sein, das hieß doch wohl, dass man zur Kirche ging und ein anständiger Mensch war. Man musste gewisse Regeln befolgen, und im Einhalten von Regeln war ich immer gut gewesen. Wenn man das und das tat und jenes ließ, gehörte man zur Familie Gottes. Dachte ich.

Der Himmel war für mich eine Realität, aber ebenfalls weit weg. Mit meinem Hier und Jetzt, mit meinem Alltag hatte er nichts zu tun. Mein Glaube war eine Art Unfallversicherung oder Fahrkarte in den Himmel. Ich wusste, wo ich hinkommen würde, wenn ich starb, aber ich dachte nicht groß darüber nach, und warum auch? Die Erde und der Himmel – das waren völlig unterschiedliche Orte. Der Himmel, das war dort, wo man hinkam, wenn das Leben zu Ende war.

Als wir auf die Highschool gingen und größer wurden, schlug mein Bruder mich nicht mehr so viel, aber die seelischen Narben blieben. Ein Teil des Problems war, dass ich praktisch kein Gefühl von Identität besaß, kein Selbstwertgefühl. Wenn ich beachtet wurde, hatte mir das meistens die nächsten Prügel von meinem Bruder gebracht, und so war ich ein Chamäleon geworden, das sich bemühte, ja nicht aufzufallen. Es fiel mir leicht, mich ruhig zu verhalten. Wenn mein Bruder im Rampenlicht stehen wollte, hatte ich nichts dagegen. Wie bei meinem Vater, so wurde auch bei mir die Passivität zur Überlebensstrategie. Ich versuchte eben, nicht beachtet zu werden, und im Großen und Ganzen funktionierte das. Aber es hatte seinen Preis: Es machte mich zu einem Beziehungszwerg, der sich schwertat, Freundschaften zu schließen oder eine Beziehung zu Gleichaltrigen zu haben. Die ganze Pubertät hindurch fühlte ich mich von niemandem anerkannt und angenommen.

Aber es gab eine wunderbare Ausnahme. Wir wohnten damals in der Nähe meiner Großeltern väterlicherseits, die mich liebten und annahmen und mir das Gefühl gaben, beachtet zu sein. Sie wohnten nah genug, dass ich mit dem Fahrrad zu ihnen fahren konnte. Ich war der Jüngste ihrer dreizehn Enkel, aber sie nahmen mich voll ernst und kümmerten sich um mich. Mein Opa George war eine der wichtigsten Personen in meinem Leben. Sein Haus wurde für mich ein Zufluchtsort, wo ich viele, viele Stunden mit Opa verbrachte, einfach so. Wir unterhielten uns über Gott und die Welt. Im Haus meiner Großeltern durfte ich jemand sein.

Ich mochte die stille, freundliche Art meines Opas – wie er Vogelfutter auf die Fensterbank streute, ein Tagebuch führte oder in ein Zimmer ging, das er seine „Höhle" nannte und wo er aus der Stille neue Kraft schöpfte. Hier war ein Mann, der fleißig und geschickt, gütig und großzügig war und mit den Gaben, die Gott ihm so reichlich gegeben hatte, für die Seinen sorgte. Er war Architekt, aber auch ein Finanzgenie. Einmal sagte er mir: „Der Wert des Geldes besteht ausschließlich in dem, was man mit ihm für die Mitmenschen tun kann." Diesen Glauben hat er sein Leben lang ausgelebt und er wirkte so auch noch darüber hinaus durch das Vermächtnis und die Werte, die er den Menschen hinterließ.

～～～

Bis zum Sommer vor dem letzten Jahr in der Highschool fiel ich nirgends auf, vor allem, wenn ich neben meinem athletischen älteren Bruder stand. Doch in diesem Jahr machte ich einen Satz auf fast 1,80 Meter. Fast über Nacht wurde ich ein Mann, und ein kräftiger und gesunder dazu. Als ich mein Abschlussjahr an der Highschool begann, erkannten mich manche nicht wieder, die mich seit Jahren kannten, weil mein Aussehen sich so verändert hatte. Da ich schon genügend Punkte für meinen Schulabschluss beisammen hatte, überredete ich die Schulleitung, mich schon jetzt zu entlassen, damit ich anfangen konnte zu arbeiten. Zwei Wochen später war es so weit.

In den nächsten Monaten verdiente ich mir als Laufbursche für eine Firma in der Innenstadt genügend Geld, um ein Jahr am College zu studieren. Ich wusste nicht, woher ich das Geld für die übrigen Studienjahre bekommen würde, aber das würde ich dann schon sehen. Von Studiendarlehen hielt ich nicht viel, und von Stipendien hatte ich noch nie gehört. Ich würde halt nach dem Jahr weitersehen.

Und so begann ich im Herbst 1974 mein Studium an der Universität von Colorado. Ich musste den kleinen Umzug in das Studentenheim selbst organisieren, da meine Eltern wieder einmal alle Hände voll mit meinem Bruder zu tun hatten. Wie so viele Collegestudenten im ersten Jahr ließ ich meinen Glauben zu Hause, als ich diese neue Phase meines Lebens begann. Zwar rebellierte ich nicht gegen Gott, aber irgendwie war er mir nicht mehr so wichtig.

Jetzt zahlte es sich endlich aus, dass ich ein Superhirn war. Bei der Aufnahmeprüfung erreichte ich 35 von möglichen 36 Punkten, womit ich die ersten beiden Jahre meines Studiums glatt überspringen konnte – all die Grundkurse in Physik, Chemie, naturwissenschaftlichem Grundwissen usw.

Bis auf das Finanzielle hatte ich mein weiteres Leben perfekt geplant. Ich wollte Kinderarzt werden, in einer Kleinstadt irgendwo auf dem Land. Eine Familie gründen wollte ich nicht. Ich würde Junggeselle bleiben und mit meiner Arbeit verheiratet sein.

Dachte ich. Bis ich Elaine kennenlernte.

Mitten in meinem ersten Studienjahr war sie auf einmal da und bezog ein Zimmer am Ende meines Flurs im Studentenheim. Sie wollte Physiotherapeutin werden und stand auf Kriegsfuß mit dem Fach Chemie. Sie brauchte Nachhilfe.

Als ich sie sah, wurde ich prompt ein Experte in Chemie.

Elaine war absolut auf ihr Ziel konzentriert und fest entschlossen, sich durch nichts ablenken zu lassen. Doch schon bald schlichen sich unkonventionelle Methoden in unsere Nachhilfestunden ein. Etwa, dass wir zusammen ins Kino oder auf eine Party gingen. Wenn unser Studium ein Fliesenboden war, dann war die aufkeimende Romanze zwischen uns der Fugenkitt zwischen den Fliesen – scheinbar grau und unscheinbar, aber sie hielt unsere Beziehung zusammen. Richtig fest sogar. Es war meine bis dahin längste Beziehung, aber gut, das wäre damals jede Beziehung gewesen, die länger als eine Woche dauerte.

Wenn wir ins Freizeitzentrum auf dem Campus gingen, nahm Elaine Kurs auf das Schwimmbad und ich auf die Basketballplätze. Ich weiß noch, wie ich an einem Samstag früher Schluss machte und mich auf die Zuschauertribüne setzte, um Elaine beim Schwimmen zuzuschauen. Als sie aus dem Becken stieg, sah sie mich und winkte mir lächelnd zu. Ich starrte sie an und winkte verlegen zurück.

„Ist was?", fragte sie.

„Äh … nein, nichts", erwiderte ich. Was nicht ganz stimmte. Aber was hätte ich sonst sagen sollen? „Du siehst fantastisch aus"? „Du stiehlst mir mein Herz"? Oder vielleicht gleich: „Ich will nicht mehr mein Examen machen und danach mit meinem Beruf verheiratet sein, ich will dich heiraten!"

Nein, es sollte noch etwas dauern, bevor ich diese Gedanken laut äußerte. Aber in jenen Monaten begann Elaines Gegenwart sachte aber sicher den Lauf meines Lebens zu verändern. Hätte ich meinen ursprünglichen Plan weiterverfolgt, wäre ich heute ein sehr einsamer und unglücklicher Kinderarzt. Meine Hormone spielten ohne Zweifel auch eine Rolle, aber was hier vorging, reichte noch wesentlich tiefer.

Pünktlich nach meinem ersten Collegejahr war mein Geld alle. „Du, Elaine, ich kann nicht hier an der Uni bleiben."

„Willst du dein Studium abbrechen?"

„Ich muss. Ich habe kein Geld mehr." Ich wusste es noch nicht, aber ich befand mich an einer der wichtigsten Weggabelungen meines Lebens.

2

~~~~

Rekrut

Eigentlich wollte ich nicht zum Militär. Aber damals sah ich einfach keine andere Alternative.

Ich ging zu meinem Vater, der einfacher Infanteriesoldat gewesen war, und bat ihn um seinen Rat. Nach dem Gespräch, das nicht sehr ermutigend verlief, beschloss ich, die Initiative zu ergreifen. Ich würde mich zum Militärdienst melden, mir dort selbst meine Tätigkeit aussuchen und versuchen, das Beste daraus zu machen.

Ich wusste, dass die Armee nicht meine erste Option im Militär war. Auch nicht die Luftwaffe, wegen meiner Höhenangst. Blieb die Marine. In Denver geboren und aufgewachsen, hatte ich noch nie in meinem Leben den Ozean gesehen. Meine Familie lebte knapp über der Armutsgrenze, und wir waren in meiner ganzen Kindheit zweimal in Urlaub gefahren. Aber ich hatte Filme wie *In Harm's Way* (deutsche Fassung: *Erster Sieg*) mit John Wayne und Kirk Douglas gesehen und mich aus der Ferne in die See verliebt. Das Meer, es hatte etwas. Und die Marine bot auch einzigartige Ausbildungsmöglichkeiten. Also ging ich ins Rekrutierungsbüro.

Ich ließ die Tests über mich ergehen. Der Musterungsoffizier sah sich die Ergebnisse an und brummte: „Was wollen Sie hier? Warum studieren Sie nicht? Das ist ja ein Super-Ergebnis!"

„Für ein Studium habe ich kein Geld", antwortete ich.

Er lachte. „Verstehe! Nun, bei mir können Sie sich Ihr Studium aussuchen! Bei Ihnen dürfte so ziemlich alles gehen."

Meine Ergebnisse reichten glatt für den Dienst in einer Operationszentrale, dem Nervenzentrum einer Kriegsflotte. Ich wählte dies als mein „A"-Studium bei der Marine, da es mir praktisch den Einsatz auf einem Flugzeugträger garantierte, wo ich meinen Collegeabschluss sozusagen auf hoher See machen konnte, im Rahmen des Stipendienprogramms der Marine. Ich hatte vor, meinen Militärdienst im Rahmen der „G.I. Bill" zu absolvieren, eines amerikanischen Gesetzes zur Wiedereingliederung von Soldaten ins Berufsleben, meinen Master zu machen und dann weiterzusehen. So könnte ich während meines Militärdienstes mein Studium abschließen und die Marine würde alles bezahlen. Das klang für mich nach einem guten Plan.

Elaine war überrascht, ja ein bisschen bestürzt über meinen Entschluss, zur Marine zu gehen. „Hast du wirklich keine anderen Möglichkeiten?", fragte sie. Aber mit meinem leeren Geldbeutel und keinem anderen Job in Aussicht hatte ich keine. Ich versuchte, das Beste aus einer schwierigen Situation zu machen.

Und so trat ich im November 1975 meine Rekrutenausbildung bei der Marine an. Ich stieg am altehrwürdigen Union-Bahnhof in Denver in einen Zug, der mich zum Flottenstützpunkt Great Lakes in Chicago (Illinois) brachte. Elaine, meine Großeltern und meine Eltern waren da, um mich zu verabschieden. Als der Zug losfuhr, salutierten sie schneidig.

Sie wussten nicht, dass sie den Neunzehnjährigen, der ihnen aus dem Fenster des Zuges zum Abschied zuwinkte, nie mehr sehen würden. Dieser Junge kam nie wieder.

~~~~~~

Die Zugfahrt verlief ohne Zwischenfälle, und ich kam gut im Ausbildungslager an. Daran gewöhnt, meine Umgebung vorsichtig zu prüfen, schaute ich mich gut um. Vom ersten Tag an merkte ich, dass jemand, der es beim Militär zu etwas brachte, anerkannt wurde. Beförderungen, Dienstgrade, Orden – Herz, was willst du mehr? Als unbeachtete graue Maus aufgewachsen, war ich entschlossen zu zeigen, was ich konnte.

Gleich in meiner ersten Woche dort in Chicago spürte ich, dass ich die Wahl zwischen zwei Optionen hatte: Entweder ich passte mich schön unauffällig an meine Umgebung an, wie ich es bisher immer gemacht hatte, oder ich stach aus ihr hervor. Und ich gab mir einen Ruck und beschloss, mich hervorzutun und jemand Besonderes zu werden. Der Niemand, der ich bisher immer gewesen war, wollte ich nicht mehr sein. Ich stand an einem Wendepunkt: Vor mir lag die Tür zur Freiheit, die große Gelegenheit, der zu werden, der ich schon immer hatte sein wollen. Mein Leben konnte noch einmal von vorne beginnen – gut! Ich würde mein Allerbestes geben. Ich wollte nach oben, ich wollte etwas bewegen. Ich war bereit, aus dem Schatten hervorzutreten.

Das Militär tat mir gut. Ich war ein sehr kräftiger junger Mann geworden, über 90 Kilo schwer. In den ersten vier Wochen der anstrengenden Grundausbildung war es niemandem gelungen, mich zu Boden zu werfen, einschließlich des 1,90 Meter großen Rekruten, der unsere Einheit unter sich hatte und in die U-Boot-Truppe sollte. Er war Ringer und etwa 25 Kilogramm schwerer als ich. Obwohl ich im Ausbildungslager keine Leitungsfunktionen bekam, war ich jemand, den die anderen respektierten, und ich genoss dieses Gefühl. Die Tage, an denen man mich entweder schikaniert oder ignoriert hatte, waren vorbei. Den ganzen November hindurch ging es mir bestens, obwohl die Ausbildung immer intensiver wurde.

Meine Abwesenheit vertiefte die Gefühle zwischen Elaine und mir. Zwei- bis dreimal pro Woche schrieben wir einander. Der Höhepunkt des Tages im Ausbildungslager war der Ruf: „Postausgabe!" Ich brauchte nicht einmal in den Postsack zu greifen, um zu wissen, ob etwas für mich dabei war. Sobald der Sack geöffnet wurde, rochen alle 72 Soldaten in meiner Kompanie das Chantilly-Parfüm, mit dem Elaine ihre Briefe an mich besprühte. „Musick!", schrien sie. „Sag ihr, sie soll aufhören mit dem Zeug!" Ich schrieb ihr das, woraufhin sie die Briefe doppelt einsprühte.

Irgendwann in der ersten Dezemberwoche saßen wir zum Mittagessen in der Kantine. Fast tausend junge Männer, die so schnell aßen, wie sie konnten, um ihr Quantum an Kalorien zu bekommen, bevor die Glocke läutete und sie wieder aufstehen mussten. In dem Moment hatten wir nämlich alles, was noch auf unseren Tellern war, ungegessen liegen zu lassen. Das Klappern der Teller und Bestecke war ohrenbetäubend.

Plötzlich marschierten vier SEALs herein. Die SEALs waren die Elitetruppe der US-Marine, und sie genossen einen Respekt, wie ich ihn noch nirgends erlebt hatte. Diese vier

Marinesoldaten – sie trugen nur ihre einfachen Arbeitsuni-
formen – bauten sich auf dem Podium vorne in der Kantine
auf und einer von ihnen räusperte sich kurz.

Es wurde mucksmäuschenstill im Saal. Alle Augen rich-
teten sich auf das Podium, alle Ohren waren gespitzt, selbst
die der Offiziere, die ihren eigenen Bereich in der Kantine hatten. Der diensthabende Offizier nickte kurz und der
SEAL sagte: „SEAL-Training ist um 18 Uhr, im Aqua-Center. Wer zu den SEALs möchte, kann kommen." Die vier
nahmen Haltung an, nickten zu den Offizieren hin und
verschwanden wieder. Das Mittagessen ging weiter.

Ich schaute einen Augenblick stumm auf meinen Teller.
Dann dachte ich: *Klingt gut. Ich glaube, da gehe ich hin.*

Um 18 Uhr ging ich zusammen mit vielleicht dreißig anderen Rekruten durch die kalte Winterluft von Illinois zum
Aqua-Center. Die SEALs warteten schon, mit jener Läs-
sigkeit, die nur die härtesten Männer der Welt ausstrahlen
konnten. Dann, mit ein paar knappen Befehlen, begannen
die Tests.

„Rein ins Becken!"

In voller Kleidung sprangen wir ins Wasser. Meine schwere Uniform klebte mir am Körper, aber ich schwamm wie
noch nie zuvor in meinem Leben. Mein Herz hämmerte.
Ich wollte etwas beweisen. Was das war, hätte ich beim besten Willen nicht sagen können. Das Klatschen des Wassers
und das Keuchen der Schwimmer kam als Echo von den
Betonwänden zurück.

„Raus aus dem Becken!"

Wir kletterten triefend aus dem Becken. Als Nächstes
mussten wir in unseren klatschnassen Kleidern eine ganze
Serie von Liegestützen, Sit-Ups und Klimmzügen machen.
Es war nicht das reine Vergnügen, aber ich schaffte es.

„Und jetzt ein bisschen Bewegung, Jungs!" Die SEALs begannen, uns zwischen dem Becken und der Turnhalle hin- und herzuscheuchen.

„Alle aufgewärmt? Gut. Dann raus in die frische Luft!"

Wir zogen unsere Kampfstiefel an, und weiter ging die Schleifmaschine.

„Eine Meile in sechs Minuten! Los geht's."

Und wir rannten los, immer noch klatschnass, hinaus in die eiskalte Dezemberluft von Chicago. Nach den ersten hundert Metern war meine Hose steif gefroren. Aber ich rannte, was ich konnte. Und ich schaffte es.

Nach dieser Eismeile waren nur noch drei von uns übrig. Als ich zurück ins Aqua-Center trat, empfand ich die Wärme dort drinnen als eine feuchte Mauer. Aber da war nicht nur die Wärme der Luft, da war noch mehr: Dieselben knallharten SEALs, die uns stundenlang durch die Mühle gedreht hatten, traten uns dreien, die ihre Tests bestanden hatten, mit einer ganz unerwarteten Freundlichkeit entgegen. Sie hatten für uns frische, saubere, warme Kleidung bereitgelegt. „Raus aus den nassen Klamotten", sagte einer, während er mir ein Handtuch hinhielt. Die Wärme in seinen Augen überraschte mich. Es gefiel mir, dieses Gefühl von Kameradschaft.

Während wir uns anzogen, erklärten sie uns, wie es bei den SEALs, den härtesten Kämpfern der US-Marine, zuging. Wenn wir in die SEAL-Ausbildung wollten, mussten wir uns nach San Diego verlegen lassen. „Falls ihr denkt, dass das eben hart war – das war nur ein kleiner Vorgeschmack. Wir nehmen nur die Besten der Besten. Ihr habt euch heute dafür qualifiziert, es auszuprobieren. Kann sein, dass ihr es nicht packt, aber wenn ihr's packt, wird es der beste Job sein, den ihr je haben werdet."

Wenn wir in die SEAL-Ausbildung wollten, würden wir

also nach der Grundausbildung hier in Chicago nach San Diego gehen, wo die eigentlichen Tests starten würden.

Wir saßen auf dem Fußboden. Die SEALs zogen uns der Reihe nach an der Hand hoch. „Du bist hart. Du hast Mumm, Kamerad", sagte der eine zu mir. Es tat mir so gut, das zu hören! Ich, von dem so lange keiner Notiz genommen hatte, wurde endlich, endlich beachtet. Jemand bescheinigte mir, dass ich das Zeug dazu hatte, mehr aus mir zu machen, Herausforderungen zu meistern, die nicht jeder schaffte. Zum ersten Mal in meinem Leben wusste ich, dass ich ein harter Mann sein konnte, und ich musste daran denken, wie es wäre, wenn mein Bruder mich jetzt zu einem Ringkampf herausfordern würde.

Als ich zurück in die Kaserne ging, ließ ich diesen unwirklichen Abend innerlich Revue passieren. Über neunhundert Leute waren in der Kantine gewesen. Dreißig von ihnen hatten sich für den SEAL-Test gemeldet. Nur drei hatten ihn bestanden und durften die SEAL-Ausbildung beginnen. Einer von diesen dreien war ich. Aber ich wusste auch, dass es stimmte, was die SEALs uns da gesagt hatten. Nur ein paar von denen, die die SEAL-Ausbildung begannen, hielten bis zum Ende durch. Und wenn auch ich ausgesiebt würde, wäre das das Ende meines von Vater Staat bezahlten Studiums, das Ende meiner Ausbildung auf einem Flugzeugträger, das Ende all meiner schönen Pläne. Sollte ich das wirklich riskieren? Nein, besser nicht. Ich beschloss, nicht nach San Diego zu gehen.

In der dritten Woche meiner Grundausbildung mussten wir in einem Seminarraum eine umfangreiche schriftliche

Prüfung in diversen Fächern und Wissensgebieten über uns ergehen lassen. Zwei Wochen danach (es war Mitte Dezember) wurde ich in die Bataillons-Zentrale beordert. Beunruhigt frage ich mich, was ich wohl verbrochen hatte, dass ich zum Bataillons-Chef musste. Was hatten sie dort mit mir vor?

Im Warteraum saß mein Kompaniechef. Er funkelte mich aus zusammengekniffenen Augen an. Sein Blick wie zwei Laserstrahlen, bereit, mich in der Mitte durchzuschneiden. Ich wagte nicht, mich zu setzen, sondern stand stramm. Dann bedeutete der Schreibstubenunteroffizier mir, durch die offene Tür ins Büro des Bataillonskommandanten zu gehen. Mein Kompaniechef ging mit. Er nahm Haltung an – was ich bei ihm noch nie erlebt hatte –, und wir warteten.

Der Bataillonschef saß hinter seinem Schreibtisch. Auf dem Schreibtisch lag meine Akte. Er öffnete sie und sah den Kompaniechef an.

„Annapolis *und* die SEALs?", bellte er. „Und das höre ich erst von meinen Vorgesetzten? Der Rekrutenausbildungskommandant hat mir gerade 'nen Anschiss gegeben."

Er sah mich an. „Was, zum Teufel, machen Sie in der Rekrutenausbildung?"

Was meinte der? Ich wiederholte vorsichtshalber meine bereits bekannte Geschichte. „Sir, nach einem Jahr im College hab ich kein Geld mehr gehabt, und da ..."

Der Kommandant fixierte mich und würgte meinen Redefluss mit einer Handbewegung ab. „Ihre Testergebnisse sind phänomenal! Wenn Sie mit der Rekruten-Grundausbildung und Ihrem Marine-A-Studium fertig sind, kommen Sie nicht zur Flotte, sondern nach Annapolis, auf die Marine-Akademie." Er legte seinen Kopf schräg. „Und was die SEALs angeht ..." Seine Augen glitzerten. „Ich hoffe doch, Sie spielen Football? Es wird Zeit, dass unser Marine-Team mal gewinnt!"

Er sah uns beide an. „Sie können gehen."

Mir schwirrte der Kopf. Das änderte meine Pläne schlagartig. In Annapolis bezahlte die Marine das Studium, und wenn man es abschloss, war man Offizier. In Annapolis gab es Wohnungen für Familien, was bedeutete, dass Elaine und ich heiraten konnten! Es war der Himmel. Etwas noch Besseres hätte mir nicht passieren können.

Ein Bataillon von neunhundert Rekruten. Drei davon hatten sich für die SEALs qualifiziert, zwei für Annapolis. Ein Einziger hatte sich für beides qualifiziert: ich. Ich kam mir vor wie jemand von einem anderen Stern.

Als wir aus dem Büro des Kommandanten traten, kochte mein Kompaniechef vor Wut darüber, dass sein Vorgesetzter ihn heruntergeputzt hatte. „Irgendwann werde ich Ihrem Arsch salutieren müssen", zischte er. „Aber die nächsten acht Wochen gehört Ihr Arsch mir."

Ich erzähle Ihnen all dies nicht, um damit anzugeben, meine Muskeln spielen zu lassen oder Sie zu beeindrucken. Es war ein tolles Gefühl, aber selbst damals machte es mich (jedenfalls soweit ich mich erinnern kann) nicht überheblich – vielleicht deswegen, weil es irgendwie alles so unwirklich war, so, als ob ich das Leben eines anderen lebte.

Heute weiß ich, dass diese Wochen damals Gottes Aufbauprogramm für einen jungen Mann waren, der furchtbar mit sich zu kämpfen hatte. Gott sagte mir etwas, was ich mein ganzes bisheriges Leben nicht hatte glauben können:

Du bist jemand. Du kannst etwas. Hör auf, dich zu verstecken. Er sagte mir, dass er mich sah, dass auch andere mich sahen und dass ich es wert war, dass man mich anschaute. Zum ersten Mal in meinem Leben fühlte ich mich wie ein Mann. All das sagte Gott mir durch die Umstände in meinem Leben.

Eine Woche später bekam unser Bataillon den Befehl, sich in einer Reihe aufzustellen und die Ärmel hochzukrempeln.

3

Die Spritze

Zur Rekrutenausbildung bei der Marine gehört auch, dass die künftigen Marinesoldaten ständig gegen alle möglichen Bakterien und Viren, die es in der großen, weiten Welt gibt, geimpft werden. Gewöhnlich kommen die Sanitäter, die die Injektion verabreichen, zu einem in den Schlafsaal. Man gewöhnt sich rasch an den Vorgang: Aufstehen, den Ärmel hochrollen, den Arm hängen lassen, sich nicht bewegen. Und dann schießen sie einem die Dosis – zack! – buchstäblich in die Haut, ganz ohne Nadel.

Doch an diesem Tag Mitte Dezember 1975, zu Beginn der fünften Woche meiner Rekrutenausbildung, war es anders. Mehrere Hundert Soldaten auf einmal (es mögen bis zu zweitausend gewesen sein) mussten sich in die Halle begeben, in der wir gedrillt wurden, wenn das Wetter in Chicago noch schrecklicher war als sonst. Überall wuselten Sanitäter hin und her.

„Die nächste Impfung!", schrie irgendjemand. „Aufstellen, rechtsum, Ärmel hoch, hängen lassen!"

Wir gehorchten mechanisch. Aus allen Richtungen hörte man das dumpfe Knallen der Injektionen, wie Popcorn. Dann war ich an der Reihe. Zack!, schoss die Injektion in meinen Arm, und schon war der Sanitäter bei meinem Nebenmann.

Ich merkte sofort, dass etwas nicht stimmte. Kaum zwei Minuten später hatte ich große Probleme. Mein ganzer Körper wurde rot, und ich fing an zu husten.

Ich wusste es noch nicht, aber meine Lunge war dabei, mit Flüssigkeit vollzulaufen. Ohne um Erlaubnis zu bitten, rannte ich zur Toilette – gerade noch rechtzeitig, um literweise Flüssigkeit in eines der Urinale zu erbrechen. Dann sackte ich ohnmächtig auf dem Fußboden zusammen.

Als ich einen Tag später wieder zu mir kam, lag ich in der Arzneiausgabe der Rekrutenausbildungs-Abteilung des Flottenstützpunkts. Ich fühlte mich, als ob eine Dampfwalze mich überfahren hätte. Alles tat mir weh, und ich hatte Durst, als ob ich durch eine Wüste geirrt wäre. Noch halb betäubt, rappelte ich mich hoch und zog los. Wasser, wo gab es hier Wasser? Auf dem Weg zu den Latrinen begegnete ich einem Sanitäter. „Was ist los mit mir?", fragte ich ihn durch den Nebel vor meinen Augen.

„Ein ganzer Haufen von euch hatte 'ne allergische Reaktion auf die Injektion", erklärte er. „Wir haben euch mit Epinephrin vollgepumpt – euch ausgetrocknet, sozusagen. Kein Wunder, dass du Durst hast. Hol dir Wasser und geh zurück in deine Abteilung. Mit dir ist alles in Ordnung."

Ich wusste das noch nicht, aber ich trug jetzt den aktiven Schweingrippe-Virus in meinem Körper. Ich hatte also eine allergische Reaktion auf die Impfung gehabt. Noch später erfuhr ich, dass die US-Regierung, die panische Angst vor einer weltweiten Grippe-Epidemie hatte, 1975 ein Labor in

Chicago mit der Entwicklung eines Schweinegrippe-Impfstoffs beauftragt hatte. Das Labor brauchte geeignete Versuchskaninchen, und wir waren in der Nähe und konnten schlecht Nein sagen, denn wir wussten von nichts. Und so bekamen die Soldaten in Fort Sheridan und die Marinesoldaten in Great Lakes den neuen Impfstoff verabreicht.

Das Impfserum bewährte sich nicht. Ich hörte später, dass zum ersten Mal seit dem Zweiten Weltkrieg das Great Lakes-Marinekrankenhaus bis auf das letzte Bett belegt gewesen war.

Aber von diesen Dingen ahnte ich damals noch nichts, als ich dem Sanitäter gegenüberstand. Ich wusste nur, dass mir hundeelend war. „Viele von euch konnten wir hier nicht stabilisieren", fuhr er fort. „Mussten sie ins Krankenhaus bringen. Ihr habt da echt was abgekriegt."

Das fand ich auch. Ich fand einen Wasserhahn und trank, bis ich den Eindruck hatte, dass ich wieder ich selbst war. Dann ging ich zurück in mein Quartier.

Ich kam so weit wieder auf die Beine, dass ich die Rekrutenausbildung abschließen konnte, aber ganz gesund wurde ich nicht. Den Rest meiner Zeit in dem Ausbildungslager war ich krank, von der Flüssigkeit, die sich immer wieder in meiner Lunge ansammelte. Ein schwerer, nasser Husten klebte an mir wie ein durchnässtes Hemd. Den ganzen Rest meiner Grundausbildung und die ersten Monate meines „A"-Studiums kämpfte ich mit der Schweinegrippe. Ich fühlte mich elend.

Noch Monate später lagen Soldaten mit allen möglichen Komplikationen in dem Militärkrankenhaus. Irgendjemand hatte da gehörig Mist gebaut. Später verrieten mir Mitarbeiter des Krankenhauses, dass das Impfserum, das man uns verabreicht hatte, zu stark gewesen sei. Aha. Doch weder unsere Offiziere noch die Marine insgesamt sprachen das Thema an; die einzige Ausnahme war die Haftungsbefreiungserklärung, die ich später bei meiner Entlassung unterschreiben musste.

Der Dezember war fast vorbei. Ich durfte über Weihnachten nach Hause fahren, immer noch hustend, aber voller Begeisterung über mein Erlebnis mit den SEALs und über die Aussicht, an der Marine-Akademie studieren zu können.

Meine Familie und Elaine feierten mit mir, aber sie merkten, dass etwas nicht stimmte. „Du hustest aber viel", sagte Elaine, als wir endlich allein waren. „Du machst mir Sorgen."

Ich zuckte die Achseln. „Ja, das sagen meine Eltern auch. Aber mir geht's gut, echt."

Sie sah mich wortlos an.

„Doch, echt. Das ist halt 'ne hartnäckige Erkältung."

Was natürlich nicht stimmte. Meine Atemprobleme wurden nicht besser. Ich versuchte tapfer, mir nichts daraus zu machen; irgendwann musste das doch wohl vorbeigehen.

In diesem Weihnachtsurlaub hatte ich ein wichtiges Gespräch. Elaine und ich trafen uns mit ihrem Vater, einem kräftigen Mann, der sein jüngstes Kind und seine einzige Tochter abgöttisch liebte. Ich sagte ihm, mit Worten, die direkt aus meinem Herzen kamen: „Ich möchte Ihre Tochter heiraten."

Ich erzählte ihm von meinen Annapolis-Plänen und fuhr fort: „Im ersten Studienjahr darf man dort noch nicht heiraten, aber ab dem zweiten gibt es Wohnungen für Familien. Das würde zeitlich perfekt passen, weil Elaine bis dahin mit ihrem Physiotherapie-Studium fertig sein wird."

Elaines Vater überlegte. Und dann sagte er das Allerletzte, was ich hören wollte: „Ich erlaube Ihnen nicht, meine Tochter zu heiraten."

Das Herz rutschte mir in die Hose und schlug gleichzeitig schneller.

Er fuhr fort: „Das ist mir zu viel Veränderung auf einmal. Das sind ja noch anderthalb Jahre, das ist mir zu unsicher. Erst einmal muss ich die Gewissheit haben, dass Sie für mein Mädchen sorgen können. Ich kann Ihnen meine Einwilligung jetzt nicht geben."

Ich drehte mich zu Elaine hin, unsere Blicke trafen sich. Ich wollte es mir mit ihrem Vater nicht verderben und ihm mit Respekt begegnen. Dann sah ich ihn wieder an und sagte: „Okay. Aber aufgeschoben ist nicht aufgehoben."

Das gemütliche Weihnachtsfest in Denver ging vorbei, der Weihnachtsbaum begann zu nadeln und mein Urlaub von der Truppe neigte sich dem Ende zu. Ich fuhr zurück nach Chicago und beendete meine Grundausbildung. Im Februar begann ich mein „A"-Studium bei der Marine, ebenfalls in Chicago, auf der anderen Seite des Bahnhofs. Es war ein 14-Wochen-Programm zur Vorbereitung des Einsatzes in der Operationszentrale, zu dem ich mich gemeldet hatte.

Die Wochen vergingen, aber es ging mir gesundheitlich nicht besser. Immer wieder musste ich unvermittelt husten, wenn ich mit jemandem sprach oder lachte. Und der Husten kam immer tiefer aus meiner verschleimten Lunge. Und immer öfter. Die Unterrichtsstunden, in denen es oft um hochsensible militärtechnologische Dinge ging, fanden in geschlossenen Räumen statt, und mindestens die Hälfte der Studenten waren Kettenraucher. Meine angeschlagenen Atemorgane kamen nicht zurecht mit all dem Passivrauchen. Es ging mir immer schlechter. Meine Noten waren gut, aber meine Gesundheit ging immer mehr den Bach hinunter.

Ich wurde schließlich in ein besseres Quartier verlegt, wo ich mit vier Nichtrauchern zusammen war. Ich hatte einen geregelten Tagesablauf und an den Wochenenden frei, und das genoss ich. Aber gesund fühlte ich mich nie.

Am 9. April erreichte meine Gesundheit den nächsten Tiefpunkt. Mir war hundeelend, und zum ersten Mal hatte ich Angst, dass ich ernsthaft erkrankt war. Ich schleppte mich in die Notaufnahme des Lazaretts.

Ich muss wohl genauso krank ausgesehen haben, wie ich mich fühlte. Als die Schwester an der Rezeption mich sah, führte sie mich sofort in einen der Behandlungsräume, vorbei an der Schlange der Wartenden. Keine fünf Minuten, und drei Personen waren dabei, mich zu betasten und meine Fingernägel zu drücken.

„Respiratorischer Stridor, Lippen zyanotisch", sagte die eine der Schwestern zu der anderen. Dann schaute sie den Arzt an.

„Wir werden bald herausfinden, was Sie haben", sagte der Arzt zu mir, während er meinen linken Unterarm väterlich berührte.

„Na ja, Sie werden herausfinden, dass ich die Schweinegrippe habe", krächzte ich. Ich versuchte, locker zu klingen. Offiziell hatte noch niemand die Diagnose bekommen, aber unter den anderen Kranken raunte man sich zu, dass wir die Opfer einer zu hohen Dosis des Aktivimpfserums waren.

Ich musste wieder husten, und der lockere Ton war weg. Die Schwestern und der Arzt sprangen zurück, als ob ich hoch ansteckend wäre. Aus dieser sicheren Entfernung beugte sich der Arzt respektvoll zu mir. „Waren Sie im Dezember hier im Stützpunkt?", fragte er.

„Ja, Sir. Auf der Rekrutenseite."

„Dann haben Sie diese Impfung gekriegt?"

„Ja, Sir!"

„Hat man Sie darauf hier in die Klinik verlegt?"

„Nein, Sir. Ich war nur über Nacht in der Medizinausgabe."

„Und seitdem sind Sie krank?"

„Ja, Sir. Aber so schlecht wie heute ging es mir noch nicht."

Der Arzt drehte sich zu den Schwestern hin und begann, alle möglichen Anweisungen zu geben, in jenem abgehackt ruhigen und gleichzeitig dringlichen Ton, der den Patienten nervöser macht als lautes Schreien. „Legen Sie eine Infusion. Nehmen Sie Blut ab, testen Sie alle Werte. Röntgen Sie die Lunge und machen Sie ein EKG und die arterielle Blutgasanalyse. Mit den PO_2-Werten."

Sie gingen an die Arbeit. 45 Minuten später kam eine andere Schwester, die eine Spritze in der Hand hatte. „Ich spritze Ihnen eine Dosis Aminophyllin, damit Ihre Bronchien wieder frei werden", sagte sie.

Während sie die Injektion vorbereitete, wanderte meine Aufmerksamkeit zu der Musik, die gerade aus dem Radio kam. Es war der Hit „Evil Woman" (etwa: Schlimme Frau) vom Electric Light Orchestra. Ich hätte ahnen sollen, dass gleich etwas passieren würde, als ich hörte: „You took my body and played to win" („Du hast mir meinen Körper genommen und spieltest auf Sieg").

Sie schüttelte die Spritze, damit die Luftblasen nach oben kamen, dann drückte sie den Kolben, bis die Flüssigkeit wie Sekt hervorspritzte. Danach schob sie die Nadel in meinen

Infusionsschlauch. „Sie werden sehen, gleich geht's Ihnen besser." Sie drückte den Kolben durch.

Was dann passierte, brauchte etwa die gleiche Zeit, die Sie brauchen, um diese Zeilen zu lesen. Mein rechter Arm wurde ganz heiß. Die Hitze begann an der Infusionsstelle an meinem Handgelenk, schoss hinunter in meine Fingerspitzen, dann zurück zum Handgelenk und meinen Arm hoch – rot, brennend, pochend. Ich hatte nicht gewusst, dass ich allergisch auf Aminophyllin war, genauso wenig wie die Ärzte und Schwestern, und soeben hatten sie eine tödliche Dosis direkt in meinen Blutkreislauf injiziert.

Als das Feuer meine Brust erreichte, wurde mir schwarz vor Augen.

4

Das große Erlebnis

Ich bin schwerelos. Körperlos.

Um mich herum ein weißer Tunnel aus glitzernden Lichtfunken.

Ich bin lange genug in diesem Tunnel, um zu merken, dass ich fliege, unheimlich schnell.

Ich habe das Gefühl, dass ich irgendwohin fliege.

Dann werde ich plötzlich aus dem Tunnel hinausgeschleudert. Hinaus in das Andere Land.

Im Tunnel war ich schwerelos, aber jetzt, an seinem anderen Ende, scheint es wieder eine Schwerkraft zu geben. Ich kann ganz normal gehen. Ich habe einen Körper, und es ist *mein* Körper. Aber noch mehr: Dieser Körper funktioniert bestens. Ich kann frei atmen. Kein Brennen in der Brust, kein Wasser in der Lunge.

Ich stehe auf einer leicht hügeligen grünen Wiese. Vor mir steht eine mächtige, Schatten spendende Eiche in hüfthohem Gras. Ein Bauer würde bei dem Anblick der schweren Halme wahrscheinlich denken, dass es Zeit ist für die Heuernte. Zu meiner Linken liegt ein liebliches Tal. Weiter hinten endet die Wiese an einem Wald, dahinter steigen Berge auf, eine Kette nach der anderen.

Am Himmel schwimmen große weiße Wattewolken. Die Sonne scheint hell. Das Licht ist unbeschreiblich strahlend. Ich sehe keine Straßen oder Gebäude. Ich bin eingehüllt von tiefer Fülle. Alles ist gut, vollkommen, heil. Und hell, wunderbar hell.

Mir fehlen die Worte, um dieses Leuchten und Strahlen zu beschreiben. Es ist wie ein superhoch auflösender Bildschirm, nur noch viel besser. Alles ist kristallrein, die Farben sind unbeschreiblich intensiv. Die besten Gemälde, Naturaufnahmen und Kunstfotografien verblassen gegen das, was ich sehe, wenn ich nur den Kopf drehe und die nächste Szenerie betrachte in diesem Anderen Land. Es ist ein überwältigendes Erlebnis.

Dann höre ich Singen. Dieses Land ist voll von Musik! Aber das Singen kommt wie aus der Ferne, als ob es eingewoben ist in das Licht und die Luft und die Berge. Es ist immer da, aber drängt sich nie nach vorne. Wie die tiefen Instrumente in einer gewaltigen Sinfonie braust und trägt und umhüllt und fließt diese Musik. Sie scheint der Stoff zu sein, aus dem dieses Land gemacht ist. Es ist keine Melodie zu erkennen, die Musik ist einfach da, überall. Ich kann keine Instrumente ausmachen, keine Schallquelle, nur dieses allgegenwärtige Singen und Klingen. Die Musik ist tief und klangvoll, sie hat Schwere und Gewicht. Und – wie soll ich es beschreiben? – mein Gehör ist absolut perfekt, kristallklar und rein bis ins letzte Detail. Ich höre Vögel und Insekten (obwohl ich keine sehen kann) und all die Geräusche der Natur. Ich sehe keine anderen Menschen, keine Geister oder Engel, obwohl ich den Eindruck habe, dass die Stimmen in der Musik von irgendjemandem kommen müssen.

Die Gerüche sind kräftig-würzig, dass es mir in alle Poren dringt. Jedes Aroma ist ein Erlebnis, das Worte nicht beschreiben können.

Diese Sinfonie der Sinneseindrücke umhüllt und überwältigt mich. Aber was mich im allertiefsten Herzen packt und mitreißt, ist das Gefühl, das dieses Land mir eingibt. Als ich klein war, hatte mein Bruder mich einmal in eine Spielzeugkiste aus Zedernholz gesteckt und sich anschließend für den ganzen Nachmittag auf den Deckel gesetzt. Seitdem leide ich an Platzangst. Ich mag es nicht, eingeschlossen zu sein, und vielleicht ist das der Grund, warum dieser Aspekt meines Erlebnisses mich so tief packt. Ich fühle mich, als ob jemand mich wie in einem Schraubstock festhält – aber ich habe keine Angst, fühle mich kein bisschen ausgeliefert oder beengt.

Es ist ein himmlisches Paradox: Ich fühle mich gleichzeitig absolut festgehalten und absolut frei. Ich spüre die Geborgenheit in der Vaterhand Gottes mit jeder Faser meines Körpers. Es ist kein sichererer Ort vorstellbar als die Arme dieses Vaters. Wer das einmal erlebt hat, will nichts anderes mehr; nichts anderes stillt so den Durst der Seele. Das wunderbare, überwältigende Gefühl, gehalten zu sein, wie in den Armen eines starken Vaters, der sein Kind auf dem Schoß hält. Umschlossen, sicher, geborgen und frei.

In diesem Anderen Land zu sein bedeutet Freude pur. Es gibt keine Worte, die dies angemessen beschreiben könnten, keine Vergleiche, die helfen könnten, es zu verstehen. Die menschliche Sprache ist einfach zu begrenzt. Dieses Land ist unbeschreiblich.

Ich bin an einem Ort explodierenden Friedens – das nächste Paradox. Der Friede hier kommt auf einen zu, packt einen, umgibt einen, ist voll lebendiger Kraft. Es gibt keine Ebbe und Flut in der Harmonie, es ist ein Ozean ohne

Gezeiten. Dieser Friede ist einfach da. Und so wie die Farben leuchten und die Gerüche würzig sind und die Klänge beruhigend und wunderbar, so explodiert dieser Friede in mir. Er ist überhaupt nichts Passives, er ergreift mich. Er ist mehr als die Abwesenheit von Krieg und Konflikt; er ist etwas ganz Tiefes, das mir sagt, dass alles gut ist.

Ich bin nicht allein. Ich fühle mich, als ob ich jemandes Kind bin. Ich fühle mich wie ein Sohn. Ich bin zu Hause, wirklich zu Hause. Hier bin ich angenommen, hier gehöre ich hin. Mein Herz macht einen Satz. Für *das* hier – dafür bin ich erschaffen worden! Ich komme mir überhaupt nicht wie ein Fremder vor. Es ist alles genau richtig, natürlich, normal.

Das hier muss der Himmel sein. Dieses Land – der Himmel – ist etwas Körperliches, Reales, viel körperlicher und realer als die irdische Welt, die ich bisher gekannt habe. Es ist nicht der Himmel, wie manche ihn sich vorstellen – rein geistig, abgehoben, unkörperlich. Alle meine Sinne sind geschärft und vertieft. Hier ist Gewicht, hier ist Bewegung. Mein Körper spürt eine ungeheure Freiheit. Es ist wunderbar. Völlige Freiheit.

Mit all meinen Sinnen befiehlt der Himmel mir, präsent zu sein im Hier und Jetzt. Eingehüllt von dieser überfließenden Freude und Schönheit denke ich nicht an die Vergangenheit, und das Wort „Zukunft" hat keine Bedeutung. Ich bin so mitgerissen von diesem „Jetzt", dass ich keine Lust verspüre, je woanders zu sein. Ich habe nur einen Wunsch: hier bleiben, in dieser Gegenwart.

Ich denke nicht mehr an das „Vorher", obwohl es nicht so ist, als ob mein Vorleben verschwunden oder gelöscht wäre. Ich bin einfach ganz gegenwärtig, ganz hier, vollgestopft mit Freude. In diesem vollkommenen Land, in das der Tunnel mich geschleudert hat, gibt es keinen Ort, wo ich über die „böse Frau" und ihre Tod bringende Spritze in der Notaufnahme des Lazaretts nachdenken könnte. Ich spüre kein Bedauern, keine Reue, keinerlei Gefühl des Verlustes. Ich denke nicht an Elaine oder dass ich meine Eltern nie mehr sehen werde oder an sonst etwas; mein einziger Gedanke ist, dass ich hier bin.

Ich stehe in der Wiese und denke: *Jetzt bist du tot.* Und gleichzeitig durchströmt mich wie eine Flutwelle diese Freude. Wenn das hier das Ende ist, dann willkommen, Ende!

Wie gut ist es hier. Ich spüre es tiefer als alles andere, was ich je gespürt habe. Ich bin am Ziel. Endlich daheim.

~

Die Zeit hat sehr wenig zu bedeuten in diesem Anderen Land, sodass ich nicht sagen würde, dass ich mich eine bestimmte Zeit lang umsah. Irgendwie erlebte und sah und hörte ich alles auf einmal.

Ein starker Arm legt sich um meine Schultern. Jemand drückt mich fest. „Willkommen", sagt die schönste Stimme, die ich je gehört habe. „Komm mit."

Irgendwie weiß ich: Es ist Jesus Christus, der Sohn Gottes.

Jesus ist ein junger Mann, ich schätze ihn auf vielleicht 35 Jahre. Eindeutig ein Mann, eine Person. Nicht ein Schatten oder Produkt meiner Fantasie, auch nicht ein durchsichtig schimmerndes Geistwesen, das in der Luft schwebt. Eine Person. Zum Anfassen. Schulterlanges dunkelbraunes Haar. Dunkle Augen, die eine ruhige Sicherheit ausstrahlen. Fast könnte man ihn für einen Bodybuilder halten, so muskulös und stämmig ist er; er hat den Körper eines Mannes, der mit den Händen arbeitet. Man kann sich ihn als Ruderer vorstellen oder als Waldarbeiter. Seine Gesichtszüge sind kantig-kräftig.

Doch gleichzeitig sind seine Bewegungen und Gesten, ist seine ganze Art der Inbegriff der Sanftheit. Wie so viel im Himmel ist auch er ein Paradox – aber was habe ich anderes erwartet? Er ist strahlend. Oder sollte ich eher „leuchtend" sagen? Das scheint mir das passendere Wort zu sein. Auf seinem Gesicht scheint ein Licht zu liegen.

Seine Hände sind groß und kräftig, aber auch geschmeidig und weich. Sie haben keine Schwielen. Er trägt ein weißes Gewand; die Ärmel reichen nur bis zur Mitte der Unterarme. Um seine Taille hat er einen weißen Strick gebunden, wie bei einer Mönchskutte. An den Füßen hat er einfache braune Sandalen.

„Willkommen."

Er hat eine melodische Tenorstimme, der man gerne zuhört. Nicht monoton, aber mit einer beständigen Klangfarbe, fest und verlässlich. Sie hat etwas Stilles, Beruhigendes, und ich merke: Dieses Singen und die Musik, die man überall hört, sind eigentlich als Hintergrund, als Klangteppich für die Worte von Jesus gedacht. Seine Worte sind gleichsam das Thema, das vom Rest des Orchesters getragen und begleitet wird. Sie stehen nicht nur im Vordergrund der Aufmerksamkeit, sie *sind* dieser Vordergrund.

„Komm mit."

Und wir ziehen los, durch die Wiesen des Anderen Landes. Er hat einen Arm um meine Schultern gelegt, so wie mein Opa, als ich siebzehn war. Wir gehen durch das hohe Gras, die Stängel gleiten durch unsere Hände. Jesus ist voller Leben. Er hat etwas Energisches, Ungezähmtes, wahrlich das Herz des Löwen von Juda.

Wir unterhalten uns, und jetzt kommt die nächste Überraschung, denn das Thema bin die ganze Zeit ich. Jesus lässt mein Leben Revue passieren, aus einer Perspektive, die über der der Menschen liegt. Er sagt mir alles. Nicht nur, was ich als kleiner Junge erlebt habe, sondern auch, warum, und es ist alles in Ordnung. Dann sagt er mir, wie mein Leben als Teenager war, und auch das ist in Ordnung. Er erzählt mir, was ich gerade in der Marine erlebt habe und in dem Lazarett, und es ist okay. Seine Worte zeigen mir, dass hinter allem, was ich erlebt habe, ein Plan liegt, der jedem Augenblick in meinem Leben einen Sinn gibt. Und auch das ist in Ordnung.

Die meiste Zeit meines Lebens hatte ich den Eindruck gehabt, allein zu sein, aber das war ich gar nicht. Die Leere, die mich scheinbar umgab, sie war eine bloße Illusion. Die ganze Zeit war Gott da, und er ist auch jetzt da, und er hatte und hat einen Plan. Ich hatte keinen Schimmer davon gehabt, aber jetzt sah ich es. Heute kann ich Gottes Gegenwart in meinem Leben sehen – seine leitende, ernährende, schützende und erlösende Hand. Alles, was mir widerfahren ist, ist letztlich zu meinem Besten geschehen.

Ich glaube nicht, dass ich unser Gespräch Wort für Wort wiedergeben kann, aber Jesus geht eine nach der anderen und sehr konkret so viele Wunden meines Lebens durch. Bei jeder Situation, die er erwähnt, sind seine Worte wie ein Balsam oder eine Salbe, die eine Verletzung heilt. Einige dieser Wunden waren so tief, dass sie immer noch offen waren und vor sich hin eiterten. Viele der Dinge, die er erwähnt, habe ich bis jetzt noch nie als Wunde wahrgenommen. Während wir reden, dämmert es mir, wie wichtig viele

Dinge sind, die die Menschen für bloße Lappalien halten. Ich beginne, mein Leben aus der Perspektive des Himmels zu sehen; es ist eine ganz andere als die der Menschen.

Ich fange an, meine Mutter mit neuen Augen zu sehen. Ich verstehe, warum sie so war, wie sie war. Und so wie Jesus es sagt, ist es okay. Ich verstehe auch meinen Vater und warum er sich so passiv verhielt, wenn mein Bruder mich quälte. Jesus erklärt mir alles, und er heilt es.

Jesus kennt unsere Familie – meine Mutter, meinen Vater, uns alle – ganz genau. Er erzählt mir, wie er im Leben meiner Familie wirkt. Alles, was mir in meinem bisherigen Leben widerfahren ist, hat tiefe Krater in meiner Seele geschaffen, eine furchtbare Leere. Er füllt sie.

Durch dieses Gespräch erkenne ich das nächste Paradox: Gott, unser Vater, ist allmächtig, aber er führt uns nicht an der Leine. Er gibt seinen Kindern die Freiheit, sich zu entscheiden, eine Wahl zu treffen, aber er behält sich vor, in die Folgen unserer Entscheidungen einzugreifen. Er lenkt das Schiff unseres Lebens, aber wir stehen im Ruderhaus. Ein Teil meines Gespräches mit Jesus ist einfach ein Nachspüren dieser Souveränität Gottes, des Ganges, den mein Leben bisher genommen hat. Warum mein Leben wichtig ist. Was Gott darin sieht. Was er will. Was er tut. Wie er das, was andere an Bösem geplant hatten, zum Guten gewendet hat. Jesus lässt nichts aus, wischt nichts Böses einfach beiseite, aber seine Liebe verwandelt alles.

Wie tief und aufmerksam diese Liebe ist. Wie behutsam, wie sorgsam, wie allumfassend, dass ich nur staunen kann. Er erklärt mir, warum meine Verwandten so waren, wie sie waren, und was daraus geworden ist. Und immer wieder läuft es auf das Gleiche hinaus: Gott weiß Bescheid. Er hat einen Plan. Er hat eine tiefe Liebe zu jedem von uns. Nichts in unserem Leben ist umsonst. Alles, was wir erlebt haben, ist wichtig, auch das Schmerzliche. Er sieht es alles und gebraucht es zu unserem Besten. Er übersieht nichts.

Es ist alles gut.

Ich stelle Jesus Fragen über mich – wie ich aufgewachsen bin, wie ich der wurde, der ich bin. Ich staune, dass Jesus über alles Bescheid weiß. Dass er das fühlt, was ich gefühlt habe. Dass er mich versteht.

Wir unterhalten uns über mein vorletztes Schuljahr auf der Highschool, wo während der Halbzeit in einem Footballspiel eine Cheerleaderin mich fragte, ob ich mit ihr ausgehen wollte. Und ob ich wollte! Nach dem Spiel erzählte sie ihrem Freund brühwarm, dass sie mit ihm Schluss machte und ein Date mit mir hatte. Das Ganze war ein Manöver, um ihn eifersüchtig zu machen. Nun, es glückte ihr außerordentlich; der Kerl, der groß und stark war, schlug mich grün und blau. Niemand half mir. Ich rettete mich in mein Auto und fuhr nach Hause, einsamer als je zuvor. Ich erzähle Jesus das, und er sagt mir, wie es wirklich war: was im Herzen dieses Mädchens vorging, was im Herzen ihres Freundes und was für ein gutgläubiges, leichtes Opfer ich war. Es war ein hässliches Erlebnis, aber kein Verlust. Jesus zeigt mir, wie es geholfen hat, meinen Charakter zu prägen.

Eine Szene nach der anderen aus meinem Leben blitzt in unserem Gespräch auf. Schlechte, aber auch gute Stunden. Zum Beispiel, wie ich auf einem Hocker sitze und meinem Opa zusehe, wie er das Kaminfeuer schürt, und mich mit ihm unterhalte. Oder das abendliche Bibellesen mit meinem Vater. Oder wie unerwartet ich Elaine kennenlernte. Jesus war dabei in diesen Augenblicken. Ich merke, wie alles in meinem Leben in einem neuen Licht erscheint.

Durch dieses Gespräch kam es später zu Heilung und Versöhnung in meiner Familie. Es verwandelte meine Beziehung zu meiner ganzen Verwandtschaft. Selbst meiner Beziehung zu Elaine tat es gut.

Ja, das tat Jesus für mich, während wir dort in dem Anderen Land das Gras durch unsere Finger streichen ließen. Meine Verletzungen, meine Kindheitswunden, mein Schmerz – all das machte Jesus gut. Dieses Gespräch ist der Grund dafür, dass ich meinem Bruder Jahre später vergeben konnte, als er die Diagnose „manisch-depressiv" erhielt. Ich hörte ihm zu, wie er sagte: „Das tut mir so leid. Ich wusste nicht, dass ich diese Krankheit hatte. Ich war furchtbar zu dir." Und ich konnte ihm antworten: „Ja, das warst du, aber das ist vorbei." Das Blut von Jesus bedeckte alles, sodass Vergebung wachsen konnte. Es war wichtig und konstruktiv und vollkommen heilsam, zu hören, was Jesus über diese Dinge zu sagen hatte. Er hatte es alles gesehen, er wusste Bescheid.

Endlich fühlte ich mich frei. Und anerkannt.

All dies – dass alles einen Sinn bekam, diese Nähe und Fürsorge, das überwältigende Gefühl, von Freude umgeben zu sein, festgehalten und doch frei –, es kam daher, dass Jesus da war. Mit spielerischer Leichtigkeit nahm er mein ganzes Vorleben und legte es in den Lichtschein der Schätze des Anderen Landes, holte es hinein in die Gegenwart, in unseren gemeinsamen Spaziergang, unser Gespräch, diesen Augenblick.

Ich werde sie nie vergessen, die Gemeinschaft dieses Spaziergangs. Dieses Zusammensein – emotional und geistlich. Ich erlebte Jesus als die große Brücke zwischen dem Schöpfer aller Dinge und der Menschheit. Er ist die enge Pforte. Er ist die Brücke. Auch wenn ich Gottvater nie mit meinen Augen sah, während ich dort war, spürte ich ständig seine liebende, fürsorgende Gegenwart – Gott der Vater, nicht der überstrenge Oberlehrer mit dem Stock, wie manche sich Gott vorstellen.

Die Bibel ist hier recht eindeutig: Wer Jesus gesehen hat, hat den Vater gesehen. Jesus ist das getreue Ebenbild seines Vaters. Ich sah den Sohn, also sah ich Gott.

Ich war als rechtgläubiger episkopaler Christ erzogen worden, und hier durfte ich mit dem auferstandenen Christus sprechen! Ich war an einem Ort, den ich spontan so sehr liebte, dass ich es nicht in Worte fassen konnte, und der eine totale Überraschung für mich war. Ein ganz neuer Horizont des Lebens und Glaubens, von dem ich nichts gewusst hatte, tat sich vor mir auf. Ich versuchte, das zu verarbeiten, als wir da gemeinsam spazieren gingen.

Ich wollte hier nie mehr weg. Hier konnte ich bestimmt für immer bleiben.

~

Jesus und ich drehen uns um. Wir gehen zurück durch die Wiese, zu der Stelle, wo ich das Andere Land betreten habe. Wir haben eine große Schleife beschrieben. Neben der Eiche halten wir an; sein Arm liegt schwer und tröstend auf meinen Schultern.

Dann schaut er mich an, und etwas wie Traurigkeit liegt in seinen dunklen Augen. Fast eine Entschuldigung, aber nicht ganz. Abrupt sagt er: „Du kannst hier noch nicht bleiben."

Gleich darauf bin ich wieder im Tunnel, schwerelos fliegend. Um mich herum ist alles Licht, Bewegung, Schnellig-keit. Es ist die Wiederholung meines Fluges zum Anderen Land, nur in umgekehrter Richtung. Was ist da los?

Dann sehe ich das Gesicht der Krankenschwester, die sich über mich beugt.

TEIL II

ZWISCHENZEIT

5

Ich komme zurück

Ich lag in einem dunklen Zimmer.

Nervös pulsierende Monitore. Piepser und blinkende Apparate aus allen Richtungen. Ich war an so ziemlich alle medizinischen Apparate angeschlossen, die man sich vorstellen kann.

Alles tat mir weh. Mein Körper zuckte zusammen, als ich verzweifelt versuchte, Luft in meine Lunge zu bekommen – es war nur ein Bruchteil dessen, was ich zum Atmen brauchte. Auf meiner Brust schien ein Elefant zu sitzen. In meiner Nase war ein Sauerstoffschlauch, aber ich wurde nicht künstlich beatmet.

Ich schaute auf meinen Körper herunter. Er sah aus, als ob jemand einen Baseballschläger genommen und mich von Kopf bis Fuß verprügelt hätte. Überall Blutergüsse. Später erfuhr ich, dass ein außergewöhnlich hoher Blutdruck meine Adern fast zum Platzen gebracht hatte. Mein Blut war durch die Zellmembranen gedrungen, die es eigentlich festhalten sollten.

Eine Schwester stand also über mich gebeugt. Sie war hübsch, mit blonden Haaren und blauen Augen. Ihre gestärkte weiße Tracht war ein auffälliger Kontrast zu meiner dunklen Umgebung, die, wie ich noch mitbekommen sollte, die Intensivstation des Marinekrankenhauses war.

„Willkommen!" Ihre Stimme überschlug sich vor Glück. „Wir hatten schon Angst gehabt, dass es zu spät war." Sie trippelte davon, um die Ärzte zu holen. Zu spät? Was meinte sie?

Dann war das Zimmer voll von Leuten, die all die lästigen Dinge taten, die zu einem Krankenhaus dazugehörten: medizinische Routine, Tests, Befühlen und Abtasten. Schmerzen über Schmerzen, als die Ärzte das machten, was man so macht, wenn jemand auf der Intensivstation liegt und nach fünf Wochen aus dem Koma erwacht.

Fünf Wochen! Nach meinem Kollaps in der Notaufnahme hatte ich fünf Wochen auf der Intensivstation gelegen! Bewusstlos und ohne jede Reaktion.

Die Reaktion der Schwester, die mir die Aminophyllinspritze setzte und sah, wie ich zusammensackte, hatte ich schon nicht mehr mitbekommen. Sie muss außer sich vor Angst gewesen sein. Ich stelle mir vor, wie sie mich anstarrte und aufkeuchte und die Ärzte rief und wie dann der Notfallwagen kam und die Ärzte um das Leben eines sterbenden Marinesoldaten kämpften. Da ich bis heute meine Krankenakte nicht einsehen konnte, weiß ich nicht, was die Ärzte damals alles machten, aber sie mussten jedenfalls sofort handeln, damit mein Herz weiterschlug. Ohne den vollen Einsatz der Ärzte und Schwestern und Geräte – und ohne den Willen Gottes – wäre ich heute nicht hier.

Als sich jetzt der Trubel gelegt hatte und die Ärzte mit ihren Untersuchungen fertig waren, fingen sie an, mich von den diversen Geräten abzuschalten. Es war ein echt gutes Gefühl, zuzusehen, wie ein piepsender Apparat nach dem anderen aus dem Zimmer gefahren wurde.

Doch eines blieb: das erdrückende Gefühl, dass ich jeden Atemzug vorplanen müsste. Ich merkte, dass ich ein Problem mit meiner Lunge hatte. Ein großes Problem. Bald erfuhr ich, dass die Lunge zu 60 Prozent geschädigt war und dass ich Herzgeräusche hatte. Ich hatte diese Welt mit einem Husten verlassen. Als ich in sie zurückkehrte, waren fast zwei Drittel meiner Lungenkapazität weg. Ich hatte auch furchtbar abgenommen – von gut 90 auf gerade mal 60 Kilo. Meine Knochen fühlten sich wie Fremdkörper unter meiner Haut an.

Das alles war schlimm genug. Aber es war nicht so sehr die Rückkehr in dieses Leben, die mir das Herz zerriss, es war das Verlassen des Himmels. Als ich den schwerelosen weißen Tunnel hinter mir hatte und wieder die Augen aufschlug, fühlte ich mich wie ein Exilant, wie jemand, der in einem fremden Land aufwachte und alles verloren hatte. Hier gehörte ich nicht hin! Alles in mir schrie danach, zurückzukehren in das Andere Land, wieder mit Jesus gehen zu dürfen. Ich war ein emotionales Wrack.

Wieder und wieder versuchte ich, an mein Gespräch mit Jesus zurückzudenken und so Trost zu finden. Seine Liebe und Fürsorge und die schier überwältigende Erinnerung an unser Zusammensein waren und blieben frisch, als ich in meinem Elend auf dem Lazarettbett lag. Es war eine Qual, nicht mehr in dem Anderen Land zu sein, doch die bloße Erinnerung brachte mir Trost.

Als ich Jahre später einem Freund von meinem Erlebnis berichtete, verglich er es mit folgender Szene: Jemand fährt mit seinen Kindern in einen tollen Freizeitpark, lässt sie dort ein einziges Mal Karussell fahren und steckt sie anschließend wieder ins Auto, um ohne jede Erklärung nach Hause zu fahren. Was, noch hundertmal schlimmer, ungefähr hinkommt. Es war ein tiefes Verlusterlebnis.

Meine fünf Wochen Bewusstlosigkeit waren im Himmel nicht viel mehr als ein Augenblick gewesen – die Zeit, die es für einen Wiesenspaziergang mit dem Sohn Gottes brauchte. Heute weiß ich, dass die Zeit im Himmel etwas ganz anderes ist als die hier auf der Erde. Die Zeit, wie wir sie kennen, gilt nur für das Diesseits.

Noch schlimmer war, dass ich in einen Körper zurückkehrte, der sich in einem sehr viel schlechteren Zustand befand als zu dem Zeitpunkt, als ich ihn verlassen hatte. Ich war nur noch ein Schatten meiner Selbst. Ich hatte Schmerzen und noch einmal Schmerzen, und sie drohten mich zu zerreißen.

Und doch hatte es ein Wunder gegeben – das Wunder, dass ich nicht endgültig gestorben war. Allein durch den ungeheuren Blutdruckanstieg hätte ich eigentlich einen Herzinfarkt oder Schlaganfall erleiden müssen. Gott hatte es so gelenkt, dass ich noch nicht einmal Gehirnblutungen hatte.

Doch meine beiden Lungenflügel waren so stark vernarbt, dass ich bei jedem Atemzug das Gefühl hatte, unter einem Elefanten zu liegen. Ich hatte ständig das Gefühl, kurz vor dem Ersticken zu stehen. Aber ich fühlte mich auch einsam und verwirrt. Der Himmel war so präsent, so intensiv und reich und voller Eindrücke gewesen. Was war diese Welt dagegen grau und fad! Und dann das Problem mit dem Zeitgefühl. Ich wusste immer noch nicht, wie lange ich dort oben gewesen war. Es war alles so verwirrend.

Im Rückblick kann ich nur sagen, dass es gut war, dass Jesus mir zum Abschied so liebevoll sagte: „Du kannst hier noch nicht bleiben." Ich habe das nie so verstanden, dass er damit meinte: „Wir können dich hier nicht gebrauchen" oder: „Du darfst nie zurückkommen." Ich durfte eben nicht bleiben. Noch nicht. Und im Klang seiner Stimme lag eine Liebe, die den Verlust erträglicher machte. Er hatte seinen Arm um mich gelegt, als er das sagte. Was dann kam, mochte ich überhaupt nicht, aber die Art, wie er diesen Satz sagte, war ein gewaltiger Trost, etwas, das mir Leben gab.

Nach meinem Aufwachen aus dem Koma blieb ich noch zwei Tage auf der Intensivstation. Danach kam ich für etwa eine Woche auf die Isolierstation und danach in ein Zimmer, wo ich Flüssigkeits- und Antibiotika-Infusionen bekam. Etwas zu essen war Schwerstarbeit für mich. Anfangs konnte ich nur liegen, aber im Laufe von zwei Wochen schaffte ich es, mich erst halb, dann ganz aufzusetzen und mich schließlich auf die Bettkante zu setzen und die Beine herunterbaumeln zu lassen. Als ich das schaffte, ohne ohnmächtig zu werden, bat ich die Schwestern, meine Infusionsflaschen an einen fahrbaren Ständer zu hängen, sodass ich anfangen konnte zu gehen, wenn auch wie ein alter Mann. Ich kam mir vor wie jemand, der das Laufen verlernt hatte, und musste mich ständig daran erinnern, das Luftholen nicht zu vergessen.

Meine Genesung war von furchtbaren Schmerzen begleitet. Mein Körper arbeitete auf Hochtouren, um all das alte geronnene Blut unter meiner Haut wieder zu absorbieren. Es war ein langer, schmerzhafter Prozess. Ich hatte mich so lange nicht bewegt, dass mein Blut in meinem subkutanen System dabei war, sich zu verklumpen. Es war scheußlich.

Als ich wieder aufstehen und mich bewegen konnte, begann ich, mich allmählich besser zu fühlen. Das langsame

Gehen tat meinem Kreislauf gut, auch wenn ich schlicht nicht genug Luft bekam, um mich viel zu bewegen. Meine Lungen waren zu vernarbt. Vor ein paar Monaten war ich bei meinem SEAL-Test eine Meile in 5 Minuten und 45 Sekunden gelaufen, und das mit gefrorener Kleidung; jetzt schlurfte ich wie ein alter Mann. Die sterilen Krankenhausflure schienen endlos zu sein, als ich langsam einen Fuß vor den anderen setzte, wie in einer Karikatur des weißen Tunnels, an den ich mich so gut erinnerte.

Mein Immunsystem war nach den fünf Wochen Koma sowie den Monaten mit der Schweingrippe davor viel zu kaputt, um irgendeine Infektion abwehren zu können. Als ich auf der Isolierstation lag, sah mich eines Tages eine Schwester an und japste auf.

„Was?", fragte ich.

„Sie … Sie haben die Masern", erwiderte sie ungläubig.

Ich schaute auf meine Haut. Jawohl, ich hatte die Masern. Willkommen in der Liste meiner Krankheiten! Ich hätte gelacht, wenn ich die Luft dazu gehabt hätte.

Es tut uns gut, wenn wir in unserem Leben mit unserem Latein am Ende sind und uns fragen: „Was nun?" Es gibt einen Punkt, wo wir alles in unserer Macht Stehende getan haben, nur um herauszufinden, dass es nicht reicht. Dies und das und jenes – wir können es nicht steuern, und es ist doch so wichtig. Wir stecken im Sumpf, unser Leben ist festgefahren. Mit der Frage „Was nun?" kommen wir an das Ende unserer Möglichkeiten und sind gezwungen zu versuchen, hinter das zu schauen, was wir für den Horizont hielten.

Nach meiner Verlegung auf eine normale Station lag ich zwar nicht mehr auf der Isolierstation, war aber genauso allein wie vorher. Der Krankensaal, in dem ich lag, war leer. Links und rechts von mir lauter leere Betten, in schmalen Reihen hintereinander, militärisch gerade ausgerichtet. In keinem der Betten lag ein Patient. Ich war der einzige Mensch im ganzen Raum. Ich hatte den Eindruck, wieder in meinem alten Leben zu sein, in einer Welt der Leere und Einsamkeit, in der ich nirgends dazugehörte. Was sollte ich jetzt machen? Ich war im Land der Freude gewesen, und jetzt war ich … hier. In einem leeren, hallenden Krankensaal. Nur ich, ganz allein. Wieder.

Ich lag an einem der Fenster. Durch die Scheibe konnte ich den Michigan-See sehen und die Schiffe, die durch sein kaltes Wasser pflügten. Ich hatte jede Menge Zeit in diesem Bett. Leere Zeit. Da dies kein normales Krankenhaus war, sondern ein Militärlazarett, gab es kein Radio, kein Fernsehen, kein Telefon. Ich hatte keinerlei Beschäftigung und niemanden, mit dem ich mich unterhalten konnte. Es war nett, wenn alle vier Stunden die Schwestern nach mir schauten, aber sonst sah ich keine Menschenseele.

Ich hatte viel Zeit, über mein großes Erlebnis im Anderen Land nachzudenken. Ich fühlte mich enttäuscht. Ich hatte nichts anderes gedacht, als dass ich dort im Himmel bleiben könnte. Ich hatte mir nicht vorstellen können, dass ich wieder zurückkehren müsste. Ich hatte geglaubt, am Ende und Ziel meines Lebens angekommen zu sein. Er war wunderbar gewesen, der Himmel; er hatte allem, was ich in meinem Leben durchgemacht hatte, einen Sinn gegeben, sodass es nicht umsonst gewesen war.

Aber ich war definitiv nicht mehr da, und an die Stelle der vollkommenen Freude und des tiefen Friedens, die ich dort gespürt hatte, war eine nagende Leere getreten. Und nicht genug damit, dass ich nicht mehr im Anderen Land war. Jetzt war ich noch nicht einmal mehr dort, wo ich gewesen war, als ich zum Militär kam. Bei den SEALs und Annapolis hatten mir alle Türen offen gestanden, und jetzt? Annapolis war kein Thema mehr, und eine SEAL-Uniform war ein Witz in meinem körperlichen Zustand. Ich konnte noch nicht einmal zügig den Flur entlangmarschieren.

Damals erkannte ich das nicht, aber dort in dem Lazarett führte mich mein Vater im Himmel bildlich gesprochen in die Wüste. Er verordnete mir eine innere Auszeit, eine Zeit der geistlichen Wüstenwanderung, in der ich nicht wusste, was ich tun sollte und was für einen Sinn alles hatte.

Als die Marine hörte, dass ich aus dem Koma erwacht war, setzte sie ihr langsames Räderwerk in Bewegung, um sich nachträglich über die fünf Wochen zu informieren, als einer ihrer Soldaten von einer unsichtbaren Welle über Bord gespült worden war. Gewisse Ungereimtheiten und Lücken in meinen Dienstunterlagen während meiner fünf Wochen im Koma vermitteln mir den Eindruck: Sie hatten nicht daran geglaubt, dass ich jemals wieder aufwachen würde.

Ungefähr eine Woche nach meiner Verlegung auf die normale Station kam die Post der letzten sechs Wochen für mich an. Die Tür des großen leeren Saals ging auf und jemand mit einem großen Postsack marschierte herein und entleerte den Sack auf mein Bett – all die Briefe, die sich in meinem Quartier während meines „A"-Studiums und im Rest meines Lebens bei der Marine angesammelt hatten. Sie hatten alles aufbewahrt, bis ich wieder aufwachte. Der Briefstapel war bestimmt einen halben Meter hoch.

Ich atmete so tief ein, wie ich konnte, als die Briefe auf

mein Bett regneten. Jawohl, der vertraute schwere Duft. Chantilly. Elaine. Er gab mir einen traurig-süßen Stich ins Herz.

Ich griff in den Briefstapel. Ein Brief von der Marine-Akademie in Annapolis. Ich riss den Umschlag auf und begann zu lesen. Nachdem die Akademie erfahren hatte, dass ich im Krankenhaus im Koma lag, zog sie aufgrund meines Gesundheitszustandes die Zulassung zum Studium zurück. Das war's wohl mit meinen schönen Plänen, meinem Offizierspatent und meiner Zukunft.

Als ich den Brief fertig gelesen hatte, saß ich auf meinem Lazarettbett und versuchte, meinen Frieden mit meiner neuen Lage zu machen. Körperlich ging es mir nach wie vor dreckig, und seelisch war ich fix und fertig, nachdem ich die Gegenwart von Jesus hatte verlassen müssen, einen Ort der Vollkommenheit und überfließenden Freude. Dass Jesus mir gesagt hatte, dass ich noch nicht dort bleiben konnte, war schon schlimm genug, aber in einen Körper zurückkehren, der nur noch ein Schatten meines bisherigen Körpers war? Und erleben müssen, wie all meine schönen Zukunftspläne vor meinen Augen wie Seifenblasen zerplatzten? Wieder in diesem Sack aus Haut zu stecken, mit tausend Begrenzungen, meilenweit entfernt von dem grünen Land des Himmels, das, wie ich jetzt wusste, meine eigentliche Heimat war? Es war zu viel.

Außer meiner Post brachte man mir auch meine Habseligkeiten, die ich in meinem Quartier zurückgelassen hatte, darunter auch meinen Kassettenrekorder und meine Musikkassetten. Man erlaubte mir, sie zu hören, und so hörte ich all die Songs wieder, die Elaine und ich gehört hatten, als wir uns verliebten – Barry Manilow, Carly Simon, James Taylor und viele andere. Heute noch kann ich mir nicht

Joni Mitchell anhören, ohne dass es mich in der Seele berührt. Dann bin ich wieder in diesem leeren Krankensaal, spüre die verwirrenden Gefühle, die ich nach der Rückkehr in dieses Leben hatte, und den Schrecken darüber, ein ganz anderer Mensch zu sein als noch fünf Wochen zuvor.

Um mir die Zeit zu vertreiben, begann ich, durch die Station zu gehen, langsam einen Fuß vor den anderen setzend. Ich drehte meine Runden wie auf einer Aschenbahn, nur in Zeitlupe. Vorbei an den Betten, durch die Gänge, vorbei an den nächsten Betten, eine halbhohe Trennwand, wieder Betten, Gänge, Betten. Ich ging beharrlich durch den großen Saal, wieder und wieder, bis ich nicht mehr konnte.

Vor meinem Koma hatte ich ständig Briefe an meine Verwandten und Elaine geschrieben, weil Telefonieren damals so teuer war. Jetzt hatten meine Lieben fast sechs Wochen lang nichts mehr von mir gehört. Sie hatten keinen Schimmer, dass sich ihre Briefe an mich ungelesen stapelten; die Marine schickte sie auch nicht zurück.

Später erfuhr ich, dass während meines Komas die Marine meinen Eltern eine amtliche Karte geschickt hatte, auf der vorne stand: „Ihr Sohn ist …" Auf der Rückseite gab es drei vorgedruckte Optionen: 1. „Gefallen." 2. „Vermisst." 3. „Sonstiges." Das dritte Kästchen war angekreuzt, und darunter hatte jemand geschrieben: „Verlegt ins Marinekrankenhaus Great Lakes." Es war das erste Lebenszeichen, das meine Eltern von irgendjemandem über mich bekommen hatten, und sie waren entsprechend durcheinander und geschockt. Mein Vater war wütend. Er rief unseren Senator an, um eine Auskunft über seinen Sohn zu bekommen. Es kam keine.

Im Dezember war ich auf Wolke sieben gewesen. Jetzt, Ende Mai, hatte ich noch nicht einmal mehr meine Gesundheit. Ich rang um jeden Atemzug und musste mich jedes Mal daran erinnern, richtig einzuatmen. Ich kam mir vor, als ob ich alles verloren hätte.

Ich war am Ende, körperlich und seelisch. Ich fühlte mich wie ein Schiff, das führerlos auf dem kalten Wasser trieb, das ich durch mein Fenster sah. Wenn man mitten in dem großen „Was nun?" seines Lebens steckt, ist das so ähnlich, als ob man auf den Michigan-See hinausschaut.

Es ist kein Ende in Sicht.

Ich schlich durch die kühlen Flure des Lazaretts, ein bloßer Schatten des Marinesoldaten, der ich gewesen war. Da ich nach wie vor unter strikter medizinischer Beobachtung stand, durfte ich meine Station nicht verlassen.

In meiner zweiten Woche auf der Station durfte ich mein Infusionsgestell zu den Münztelefonen rollen, direkt neben dem Hauptschwesternzimmer. Ich rief zu Hause an. Meine Mutter war wütend. Heute kann ich darüber lachen, aber damals machte mir ihre Aufgeregtheit – deren Grund zweifellos die Sorge um mich war – fast Angst.

„Ich bin im Lazarett", erklärte ich ihr. „Heute ist der erste Tag, an dem ich anrufen kann. Ich wollte euch nur sagen, dass ich okay bin. Könnt ihr bitte Elaine anrufen und ihr Bescheid geben?"

Dann kam mein Vater ans Telefon. Er war überglücklich, dass ich noch am Leben war. Er erzählte mir von der rätselhaften Karte, die er von der Marine bekommen hatte und die er erst jetzt verstand, und von seinem Anruf bei unserem Senator.

Als wir aufgelegt hatten, ging ich mit meinem Infusionsgestell und in meiner Patientenkluft zu dem Schwesternzimmer. „Ist die Kapelle noch im ersten Stock?", krächzte ich.

„Ja", sagte die Schwester.

„Ich gehe da eben hin", sagte ich.

„Was? Das geht nicht", antwortete sie.

„Ich muss da aber hin", sagte ich.

Sie versuchte, mir meine Idee auszureden. Die Ärzte hatten gesagt, dass ich meine Station nicht verlassen durfte, zu meiner eigenen Sicherheit. Aber ich *musste* in die Kapelle! Es gelang mir schließlich, die Schwester herumzukriegen, aber angesichts meines Zustandes erlaubte sie mir nicht, alleine hinzugehen, sondern begleitete mich.

Es war zwischen 8 und 9 Uhr abends und entsprechend ruhig. Die Gänge waren nur schwach beleuchtet und hatten jenen Krankenhausgeruch, der genauso zu ihnen zu gehören schien wie die Wände und Fußböden. Wir traten umständlich in den Besucheraufzug. Die Schwester schaute sich nervös um; was, wenn jemand sie sah, wie sie da ihre Station verließ? Wir fuhren in den ersten Stock hinunter und gingen langsam den Flur entlang zur Kapelle. Es war meine weiteste Reise seit meinem Aufwachen aus dem Koma.

Ich ging den mit Teppichboden ausgelegten Mittelgang entlang und nahm mühsam auf der vordersten Bank Platz. Dann schaute ich hoch.

Was soll ich jetzt machen?, fragte ich Gott.

Er sagte nichts.

Ich war tief verunsichert. Während unseres Gesprächs in dem Anderen Land hatte Jesus mich immer wieder mitgenommen zu bestimmten Augenblicken in meinem Leben, mir versichert, dass er auch in den dunklen Stunden da gewesen war, und mir gesagt, dass alles gut war.

Ist das hier auch gut, Gott? Die Frage brannte in mir. *Weil ich dich gerade überhaupt nicht spüre. Ich spüre eher deinen Gegenspieler. Ist das auch okay?*

Die Fragen kamen, wurden tiefer und dringender. Es war ein Gebet direkt aus dem Herzen, einem Herzen, das nicht mehr wusste, was es denken sollte.

Was, um alles in der Welt, soll das alles, Gott? Wie kann das sein? Wie kann mir so was passieren?

Der Kontrast zwischen dem Anderen Land, diesem Ort der vollkommenen, reinen Freude, und diesem elenden, kaputten Körper hier war zu viel, es war mehr, als ein Zwanzigjähriger ertragen konnte. Wie konnte Gott mir das antun?

Ich saß dort auf der Bank und nach und nach beruhigte mein Herz sich etwas, aber Antworten hatte ich immer noch nicht. Ich war am Leben und ich war hier, aber ich hatte keine Antworten. Das war alles.

Dass das Atmen mir solche Mühe machte, war schon schlimm genug, aber dieses innere Durcheinander schnürte mir das Herz zusammen. Ich fühlte mich gleichzeitig aufs Äußerste angespannt und tief verletzt. Die Abschiedsworte, die Jesus mir gesagt hatte, klangen mir immer noch in den Ohren: *Du kannst hier noch nicht bleiben.* Was ich brauchte, waren Worte des Trostes vom Vater, und die bekam ich nicht. Gott … schwieg.

Die Schwester, die wusste, dass ich die Station eigentlich nicht verlassen sollte, stand fast Todesängste aus, als sie da neben mir in der kleinen Kapelle saß. Was sie da machte, war ja Befehlsverweigerung! Sie rutschte unruhig auf der Bank hin und her. Ich merkte, wie sie immer nervöser wurde. Am besten erklärte ich ihr wohl, wie wichtig dieser Ausflug für mich war.

„Ich … brauche das hier", murmelte ich.

Ich weiß nicht, wie lange wir in der Kapelle saßen, aber die Minuten tickten dahin, und die Schwester wurde immer unruhiger. Fast hörte ich, wie sie dachte: *Wenn mein Chef hier reinkommt, reißt er mir den Kopf ab! Wenn ich Pech hab, degradieren die mich!*

Und so standen wir schließlich auf und gingen wieder, obwohl ich noch ewig in diesem stillen Raum hätte bleiben können. Die Schwester brachte mich zurück auf meine Station, sichtlich erleichtert, und half mir, mich wieder ins Bett zu legen.

„Das war ein toller Tag für Sie", sagte sie.

Die Frau hatte keine Ahnung.

Die Tage und Nächte gingen dahin. Der Mai wich dem Juni. Das Wasser des Sees sah wärmer aus. Nach und nach wurde es mit meiner Gesundheit etwas besser, aber es dauerte Wochen, bis meine Arme und Beine die blauen Flecken und all das verklumpte Blut los waren. Die Schmerzen in meinen Armen ließen nach. Und dann kam der Tag, an dem ich schmerzfrei gehen konnte. Endlich!

Ich musste lernen, mit etwa einem Drittel meiner Lungenkapazität auszukommen. Es war eine Kunst, mir das bisschen Atemluft, das mir blieb, einzuteilen. Auch die vielen Medikamente, die ich nehmen musste, waren eine Herausforderung. Ich bekam Medikamente, die meine Atemwege frei halten sollten, Medikamente, die unerwünschte Flüssigkeitsansammlungen verhindern sollten, und Mittel, um meinen Blutdruck zu stabilisieren. Dazu Medikamente, die die Nebenwirkungen anderer Medikamente mindern sollten. Medikamente für alles und jedes, Pillen in allen Farben, jeden Tag ein neues buntes Karussell.

Aber langsam ging es mir besser. Das Krankenhaus befand schließlich, dass ich so weit wiederhergestellt war, dass ich auf Genesungsurlaub nach Hause konnte. Ich schöpfte Hoffnung. Ich glaubte nicht, dass ich noch lange krank wäre, und – viel wichtiger – meine Ärzte waren derselben Meinung. „Schickt den Mann nach Hause", sagten sie. Sie verschrieben mir Hühnersuppe und die gute Coloradoluft.

Sie dachten, dass es nun mit mir bergauf gehen würde. Da lagen sie leider falsch.

Am 12. Mai war ich aus meinem (nach irdischer Zeitrechnung) fünfwöchigen Koma erwacht. Am 11. Juni trat ich meinen Genesungsurlaub zu Hause an. Von den gut 60 Pfund Gewicht, die ich verloren hatte, hatte ich in diesem Monate gerade einmal gut acht Pfund wiederbekommen. Ich sah wie ein frisch entlassener Kriegsgefangener aus. Als ich in Denver aus dem Flugzeug humpelte und meiner Mutter in die Augen sah, fiel sie in Ohnmacht.

Zwei Wochen lang war ich zu Hause in Denver. Die Stunden, die ich mit Elaine verbrachte, waren die beste Medizin. Es gibt nichts Schöneres, als nach einer so langen Zeit der Trennung und Einsamkeit wieder die Arme der großen Liebe seines Lebens um sich zu spüren. Die Wiedervereinigung mit Elaine war ungeheurer Trost. Es war schier unglaublich, wie sie für mich da war. Sie war das mehr als je zuvor – und dies an einem Punkt meines Lebens, wo viele andere Frauen sich von mir getrennt hätten, frei nach dem Motto: „So hatte ich mir das nicht vorgestellt – ich brauche einen Mann und kein Wrack."

Ich war darauf gefasst gewesen, dass Elaine mir eröffnete, sie käme mit meinem Zustand nicht zurecht und er sei zu viel für sie. Sie hatte sich schließlich in einen gesunden jungen Mann verliebt, und der Mann, der da aus dem Marinelazarett zurückkam, war ein hohläugiges Gespenst, das 60 Pfund verloren hatte und mit jedem Atemzug nach Luft rang. Ich war innerlich darauf vorbereitet gewesen, dass sie ging.

Dieser Genesungsurlaub war genau das, was ich damals brauchte. Er gab mir neue Kraft und neuen Mut, einen Hoffnungsschimmer in einer Welt der Dunkelheit. Aus dem Frühsommer in Chicago in die Schönheit der Stadt in den Bergen zu entkommen, war schon an sich ein Stück Heilung. Ich ruhte mich aus und aß. Meine Mutter kochte mir Hühnersuppe und alle meine Lieblingsmahlzeiten. Ganz alltägliche Dinge wie Autofahren waren ein Genuss.

Ich wäre gerne länger zu Hause geblieben, aber ich musste zurück in das Lazarett, wo die nächste Untersuchungsrunde auf mich wartete. Nach meinem Rekonvaleszenz-Martyrium war meine Zukunft bei der Marine ungewiss. Ich hatte keinen Schimmer, wie es weitergehen würde.

Ein Ärzteteam prüfte jetzt meinen Zustand. In ihrem Bericht schrieben die Ärzte, dass ich angesichts der schweren und dauerhaften Schäden, die ich aufgrund der Schweinegrippeimpfung und meines Allergieschocks an meiner Lunge davongetragen hatte, für den Dienst im Militär, in welcher Form auch immer, nicht mehr tauglich war. Ich war ein „Invalide".

Onkel Sam wollte mich nicht mehr. Ich bekam eine ehrenhafte Entlassung als schwerbehinderter Veteran, was bedeutete, dass ich Anspruch auf eine GI-Rente hatte und studieren konnte. Sobald die nötigen Papiere fertig waren, konnte ich gehen. Im Rahmen meiner Entlassung musste ich auch eine Haftungsbefreiungserklärung unterschreiben, mit welcher ich hochoffiziell darauf verzichtete, die Marine gerichtlich zu belangen.

Ich war jung und wollte die Sache hinter mich bringen, um einen Neuanfang zu machen. Ich glaubte wirklich, dass ich mich auf dem Weg zur völligen Genesung befand, und so unterschrieb ich alles, was man mir vorlegte. Ich wollte das Leben wieder beginnen.

Und so wurde aus dem Rekruten Musick wieder der Zivilist Musick.

6

Mein innerer Kampf

Nach meiner Entlassung im August packte ich meine Siebensachen und zog zurück nach Denver.

Elaine und ich nahmen unsere Beziehung wieder auf. Wir waren entschlossen zu heiraten. Sie begann ihre Ausbildung zur Physiotherapeutin, ich ein BWL-Studium. Die Monate krochen dahin. Meine Invalidenrente und die staatliche Beihilfe für studierende Exsoldaten reichten zusammen nicht aus, um meine Rechnungen zu bezahlen. Ich musste mir eine Arbeit suchen.

Vier Monate lang – August bis November 1976 – suchte ich eine Arbeitsstelle, aber niemand wollte mich haben. Zwanzig Jahre alt, Exsoldat, Invalide – so hätte man mein Leben zusammenfassen können. Krank war ich auch noch. Selbst für den wohlwollendsten potenziellen Arbeitgeber war dieser keuchende Knabe in dem schlackernden Anzug eindeutig ein kranker Mann. Ich musste immer noch einen Cocktail starker Medikamente schlucken, um meine Symptome unter Kontrolle zu halten – keine guten Voraussetzungen, um einen Personalchef von sich zu überzeugen.

Und so gründete ich aus der puren Not heraus mit zwanzig Jahren meine eigene Firma – ein Finanzberatungsbüro –, obwohl ich noch studierte. Mit Geld hatte ich immer gut umgehen können, ich mochte den Kontakt zu Menschen, und mit dieser Firma konnte ich vielleicht beides vereinen: Menschen und Geld. Ich fand, dass ein Versuch nicht schaden konnte; irgendwie musste ich ja mein Leben wieder in den Griff bekommen.

Elaine schloss in dieser Zeit ihr Studium ab, wurde staatlich geprüfte Physiotherapeutin und stieg im Herbst 1977 in den Beruf ein. Im gleichen Jahr verstarb mein geliebter Großvater. Er hinterließ mir mehrere Erbstücke, darunter seinen abgewetzten, aber wunderbaren Sessel, den ich heute noch habe. Wenn ich darin sitze, kann ich fast die Zigaretten riechen, die Opa Mark sich selbst mit Half-and-Half-Tabak aus einem rotgrünen Tabaksbeutel rollte, sehe die große Tasse mit dem starken Kaffee vor mir, die morgens auf dem kleinen Tisch neben dem Sessel stand, und rieche wieder das Old Spice Aftershave auf seinem stets glatt rasierten Gesicht. Es ist fast so, als wäre er immer noch da. Wie sehr hatte ich die Vormittage und Abende geliebt, wenn er sich mit mir unterhielt, als ich ein Junge war und bei Opa sein durfte. Er schenkte mir so viel Frieden und Weisheit.

Jetzt, als ich in meiner neuen Situation nach Antworten suchte, dämmerte mir nach und nach die Antwort auf eine Frage, die ich gar nicht bewusst gestellt hatte: Gott wollte eine Beziehung zu mir haben, die so ähnlich war wie die, die ich mit meinem Opa genossen hatte.

Das Jahr 1978 kam, und ich arbeitete, studierte und genoss die romantische Beziehung mit Elaine. Am 15. April wurden wir von unserem Gemeindepfarrer in der kleinen Kapelle auf dem Campus der Universität von Denver getraut. (Es war der Tax Day[1], sodass ich unseren Hochzeitstag nie vergessen werde!) Für mich wird diese schöne kleine Trauzeremonie immer ein Wunder sein.

Elaine hat mich tatsächlich geheiratet. Wow!

Damals hatte ich viele Zweifel und Fragen, aber nie kam ich auf die Idee, dass ich mir mein großes Erlebnis im Himmel nur eingebildet hatte. Nein, dieses Geschehen war so real gewesen, dass nichts meine Erinnerung an das Andere Land erschüttern konnte. Nach meiner Entlassung aus der Marine hatte ich jahrelang mit mir zu kämpfen – gesundheitlich, seelisch und geistlich –, aber nicht einen Augenblick lang kamen mir Zweifel an der Realität dessen, was ich da am anderen Ende des weißen Tunnels erlebt hatte.

Zum Teil lag dies einfach an dem ungeheuren Unterschied zwischen dem Anderen Land und dieser Erde. Nein, das war kein Traum gewesen, auch keine Halluzination. Die umwerfende Lebendigkeit jenes Ortes, der so ganz anders und doch irgendwie vertraut war, hatte sich mir für immer tief eingeprägt, sodass nicht die Spur eines Zweifels an seiner Realität möglich war. Die Erinnerung an einen Traum verblasst mit der Zeit; mein Erlebnis im Anderen Land ist heute noch so klar, lebendig und detailliert wie damals.

Aber ich hatte Fragen. Viele Fragen. Ich hatte etwas Außerordentliches erlebt, aber ich wusste nicht, was ich damit anfangen sollte.

Was soll ich machen? Immer wieder kämpfte ich mit dieser Frage. Nach so einem Erlebnis war nichts wie vorher – we-

---

1 Der Tax Day ist in den USA der Tag, an dem die Steuererklärung fällig ist; seit 1955 fällt er auf den 15. April (Anm. d. Übers.).

der im Leben noch im Glauben. Aber es war nicht einfach. Es kam keine Stimme vom Himmel, die mir mein Leben deutete oder die Probleme in meiner Situation löste. Was ich erlebt hatte, musste ich alleine verarbeiten, fand ich.

Und solange ich es nicht verarbeitet hatte, es nicht wenigstens ein Stück weit verstand, würde ich mit niemandem darüber reden. Ich wusste: Wenn ich so ein tiefes, ungeheures Geheimnis vor anderen Menschen lüftete, würde das nur zu Fragen führen, die ich nicht beantworten konnte, sogar von lieben Freunden oder Elaine.

Dazu kam noch diese ständige Sehnsucht, in das Andere Land zurückzukehren. Wie soll man dem Menschen, den man liebt, erklären, dass man lieber woanders wäre? Selbst wenn dieser andere Ort der Himmel ist? Wie soll man einem anderen Menschen begreiflich machen, dass die Sehnsucht, wieder bei Jesus zu sein, so stark im Herzen brennt, dass es wehtut? Wie sollte jemand, der nicht das Gleiche erlebt hatte, das verstehen können? Ich fühlte mich wie ein hilfloser Trottel.

Darüber hinaus war ich nicht in der Lage, mein Erlebnis in einen größeren Zusammenhang einzuordnen. Ich kam mir alleingelassen vor mit dem, was ich gesehen und gehört hatte. Und dann war dieses Erlebnis auch so tief und intensiv gewesen, dass ich nicht wusste, wie ich es in Worte fassen sollte, selbst gegenüber den Menschen, die mir am nächsten standen.

Nein, ich musste alleine damit fertigwerden. Es war gut, dass ich damals niemandem etwas erzählte. Erst musste ich innerlich allein daran wachsen, und das konnte mir niemand abnehmen.

Unter den Fragen, die mich verfolgten, quälte mich eine am meisten: *Was soll ich machen? Wie soll ich weiterleben nach meinem großen Erlebnis?* Es war wie eine Melodie, bei der der Schluss fehlte, die mich aber Tag und Nacht verfolgte, wie ein Ohrwurm.

Diese Jahre wurden für mich eine Schule. Ich hatte als Kind und Jugendlicher in der Episkopalkirche biblische Geschichten gehört, aber die Bibel gelesen hatten wir eigentlich nicht. Ich wusste, wer Jesus war und dass ich erlöst war und all das. Aber ich hatte mich nicht so in das Wort Gottes vertieft, dass es mich echt verändern und prägen konnte. Jetzt begann ich zum ersten Mal in meinem Leben, selbst die Bibel zu lesen. Aber war es nicht besser, erst einmal andere Bücher zu lesen – Bücher, die mir helfen konnten, die Bibel zu verstehen? Ich begann, mich für Bibelkommentare und ähnliche Bücher zu interessieren, die mir ein besseres Verständnis meines Glaubens geben konnten.

Während dieses Suchens und Studierens erlebte ich einen der absoluten Schlüsselmomente meines Lebens, als ich in einem christlichen Buchladen in der Schlange vor der Kasse stand. Ich war dabei, einen ganzen Stapel der neuesten und wichtigsten Bücher über den Glauben zu kaufen, und als ich da so stand, hörte ich in meinem Herzen eine leise Stimme: *Wann liest du endlich mein Buch?* Und ich schob die Top-Ten-Bestseller zurück ins Regal, ging zu dem Regal mit den Bibeln und zog eine Studienbibel heraus. Es war ein großer Augenblick für mich. In Gottes Wort war Leben. Ich musste einfach nach Antworten suchen, ich musste versuchen herauszufinden, warum um alles in der Welt ich noch hier war.

Die Zeit verging, und ich blätterte viele Seiten in der Bibel um. Ich lernte und suchte und forschte. Mein Wissen über Gott und sein Wort und meine Liebe zu ihm wuchsen. Beim Lesen der Geschichten einiger meiner Kindheitshelden in der Bibel fand ich starke, überzeugende Anklänge an verschiedene Kapitel meiner eigenen Geschichte. Aber Antworten? In all diesen Jahren fand ich keine deutlichen Antworten auf meine Situation.

Eine Zeit lang faszinierte mich das Leitsystem, das Gott den Israeliten in der Wüste gegeben hatte: die Wolkensäule bei Tag und die Feuersäule bei Nacht, die sie durch die Wüste führte. Wie gerne hätte ich auch so ein unzweideutiges Leitsystem gehabt. Warum gab mir Gott keines? Schließlich meldete sich wieder jene leise innere Stimme: *Du hast es doch auf deinem Schoß. Ach so, die Bibel! Die Israeliten damals hatten dieses Buch nicht, aber du hast es.*

Ich wurde diszipliniert in meinem Bibellesen. Ich fing an, dem Mann nachzueifern, den ich auf diesem Gebiet am meisten bewundert hatte – meinen Großvater. Ich richtete mir ein spezielles Bibellesezimmer ein, wie Opa das getan hatte. Das Zimmer bedeutete für mich einen Raum der Ruhe und Stille und der Begegnung mit meinem himmlischen Vater.

Bei alldem trieb mich der Wunsch an, Gott zu verstehen. Ich hatte ein gewaltiges Erlebnis mit ihm gehabt, aber eigentlich kannte ich ihn noch gar nicht richtig. *Dies* war die Beziehung, die es zu pflegen galt, ja, es war Gottes Wunsch, dass ich sie pflegte. Noch kam es mir nicht in den Sinn, dass Gott mein ganzes Wesen verändern wollte, zu meinem eigenen Besten.

Fünf Mal las ich die ganze Bibel komplett durch – sehr langsam, so wie früher mein Opa. Immer in demselben Sessel und mit einem Notizblock daneben. Ich wusste damals noch nicht, wer der Heilige Geist ist; heute sehe ich, dass er mir damals beim Lesen half, mich in die Wahrheit leitete und mich motivierte, nicht nachzulassen bei meinem Eindringen in das Wort Gottes. Meine persönliche Bibelandacht wurde zu einem beharrlichen Suchen nach dem Sinn meines Erlebnisses im Anderen Land, nach der Antwort auf die Frage, die tief drinnen in mir brannte: Wie muss ich im Lichte dieser Erfahrung im Himmel mein Leben führen?

Ich las die Bibel und versuchte nach bestem Vermögen, sie zu verstehen. So gut wie jeden Tag las ich in Gottes Wort, strich das an, was mir wichtig wurde, und schrieb meine Gedanken und Gefühle auf. Die Monate und die Jahre vergingen, und der Schwerpunkt meines Lesens verlagerte sich; es wurde immer stärker beziehungsorientiert. Es war nicht mehr so sehr eine Übung für die grauen Zellen oder der Versuch, ein religiöses Puzzle zusammenzusetzen, sondern es wurde ein Weg, um Gott kennenzulernen – den Jesus, der neben der mächtigen Eiche seinen Arm um mich gelegt und gesagt hatte: „Komm mit."

Schließlich merkte ich: Wenn ich einmal einen Morgen nicht in der Bibel gelesen hatte, fehlte nicht nur mir etwas, sondern auch meinem himmlischen Vater. Er signalisierte mir dies nicht auf eine verurteilende Art, sondern mit einem von Herzen kommenden: *Ich habe dich vermisst heute Morgen.* Allein das war ein enormer Ansporn, mir wirklich jeden Morgen Zeit für sein Wort zu nehmen.

Nach und nach wurde mir klar, dass alles in der Bibel wahr ist, absolut wahr, und dass ich sie auf diese Weise zu verstehen hatte. Was ein ganz anderes, tieferes Gefühl ist als jener rasch dahingesagte Satz, den ich gelegentlich gehört hatte: „Es steht in der Bibel, also glaube ich es." Es bedeutete nicht, dass ich die Bibel nicht mit Verstand zu lesen hatte, sondern immer um das richtige Verständnis und die richtige Auslegung bemüht. Ich erkannte, dass es von Auslegungen der Bibel und ihrer Geschichten nur so wimmelte. Genauso wenig konnte ich die schwierigen Stellen achselzuckend übergehen. Nein, diese innere Überzeugung bedeutete schlicht, dass die Bibel wahr war – und ist. Und diese Wahrheit fing an, mich zu verändern.

Ich erkannte, dass die Bibel das lebendige Wort Gottes ist. Gewisse Teile von ihr haben je nach Zeit, Kultur und Umständen eine unterschiedliche Bedeutung, aber die fundamentale Wahrheit, die anfing, mein Glaubensleben zu verändern, ist, dass alles in der Bibel zutiefst wahr ist. Ich war dabei zu lernen, ihr zu vertrauen und ihr zu glauben. Die Bibel hat viele Funktionen; unter anderem ist sie ein Werkzeug, vor allem ein Schleifstein zum Schärfen anderer Werkzeuge (wie mich). Gott war dabei, mich zu schleifen.

Mein Herz war wie ein Behälter, in dem sich all diese Gedanken und Gefühle und Aktivitäten drehten und mischten und verwirbelten und so etwas Neues schufen. Gott, der den großen Überblick hatte, wusste, dass ich ihn besser kennenlernen musste und dass das keine einfache Sache sein würde. Das Erlebnis im Anderen Land war wunderbar gewesen, aber es war kein Ersatz dafür, Gott zu kennen. Gott wirklich kennenzulernen – das tat ich nicht in meiner Kindheit, sondern in diesen Jahren als Erwachsener.

Gott kennenzulernen verläuft nicht so, dass man eines schönen Tages ein Diplom in die Hand gedrückt bekommt, das einem bescheinigt, dass man alles über ihn gelernt hat, was es zu wissen gibt. Dazu ist er viel zu groß, sowohl in der Bibel als auch in unserem Leben. Fand ich damals Antworten? Und ob! Auf alle meine Fragen? Definitiv nicht.

Manches erkannte ich. Ich begriff, dass mein großes Erlebnis real gewesen war und einen Sinn hatte. Und dieses kurze Erlebnis, das so unerschütterlich wahr war, führte mich zu der Erkenntnis, dass Gottes himmlische Gegenwart nicht nur im Anderen Land eine Realität ist, sondern auch hier. Ich lernte das Wesen Christi in seiner Tiefe kennen.

In dieser Zeit des Suchens fing ich an, noch etwas Besseres zu finden als Antworten. Ich fand mehr von Gott. Ich hatte eine Beziehung zu ihm, und diese Beziehung wuchs.

Und sollte es nicht exakt so sein zwischen uns und Gott? Unsere Gemeinschaft mit ihm muss sich entwickeln und tiefer werden. Wir müssen anders werden, uns von Gott verändern lassen. Wenn wir so wachsen, bringt das ein Lächeln auf das Gesicht des Vaters. Er ist zufrieden und freut sich, wenn wir uns in unserem Leben immer wieder für ihn und seinen Weg entscheiden.

In jenen Jahren gab es ein wachsendes Interesse an Nahtoderlebnissen und an Büchern über sie. Ich wusste, dass solche Bücher geschrieben wurden, aber ich verspürte keine Lust, sie zu lesen. Damals las ich keine Nahtodgeschichten. Erst viel später fielen mir einige wichtige Parallelen zwischen meinem Erlebnis und den Nahtoderlebnissen anderer Menschen auf, zum Beispiel der Tunnel, durch den ich geflogen war. Aber in jenen Lehrjahren im Glauben befasste ich mich nicht mit dem, was andere im Jenseits erlebt hatten; dazu war mein eigenes Erlebnis noch viel zu frisch und unverarbeitet.

Ich versuchte einfach, dieses Erlebnis zu verdauen. Mit ihm fertigzuwerden, zu verstehen, was da mit mir geschehen war. Es gab keine Pufferzone, keinen sicheren Abstand des nüchternen Beobachters. Ich war nicht bereit, jemanden ins Vertrauen zu ziehen. Was ich da erlebt hatte, als ich in das Andere Land ging und wieder zurück, ging mir emotional so an die Nieren, dass es mir wehtat.

„Du kannst noch nicht hierbleiben."

Ich spürte diese Worte, die Jesus gesagt hatte, wie Steine in meinem Herzen. Ich spürte immer noch die Verwirrung und Desorientierung bei meinem Aufwachen auf der Intensivstation, obwohl sie nach und nach weniger geworden war. Ich spürte weiterhin den tiefen Schmerz des Abschieds. Ich kämpfte und rang mit dem krassen Kontrast zwischen dem Himmel und der Erde. Diese irdische Welt war für mich unsäglich grau und fad. Und mein Körper wollte nicht richtig funktionieren.

Mein Herz sehnte sich zurück in den Himmel.

Ich versuchte nicht nur zu verstehen, was mir damals passiert war, sondern kämpfte auch mit aller Kraft darum, ein normales Leben zu führen. Alles in allem fühlte ich mich nicht wirklich zu Hause auf diesem Planeten, obwohl das Leben in meiner kleinen Familie – Elaine und unsere beiden Söhne, die bald zur Welt kommen sollten – mir Freude und Sinn brachte.

Es dauerte fünf lange Jahre, dann ging es mit meiner Firma sehr bergauf und sie wurde ein echter Erfolg. Ich liebte meine Arbeit und sie gelang mir gut. Ich empfand sie als eine Art Berufung, mehr als nur ein Mittel, um Geld zu verdienen. Als Finanzberater folgte ich einem wegweisenden Geschäftsmodell: alle Fakten auf den Tisch legen, keine Interessenkonflikte, transparente Gebühren für klare Dienstleistungen. Meine Tätigkeit war sehr beziehungsorientiert und von einer echten Liebe zu meinen Kunden geleitet. In den späten 1970er-Jahren war das in dieser Branche eine revolutionäre Einstellung. Andere Finanzberater hatten mich gewarnt, dass „so etwas" (also das Vorgehen nach Prinzipien, die ich für fair und biblisch hielt und im besten Interesse der Menschen, die mir da ihr Geld anvertrauten) nie und nimmer funktionieren würde. Das sei zu radikal.

Wie bitte? Das Beste des Kunden zu suchen sollte im Geschäftsleben nicht funktionieren? Bei mir funktionierte es. Es passte wie die Hand in den Handschuh. Meine Firma wurde ein Ort, wo die Grenzen zwischen dem Heiligen und dem Profanen sich auflösten. Ich bekam meine Konzession und konnte schließlich das Studium, das ich mangels Geld hatte abbrechen müssen, wieder aufnehmen.

Einer der großen Vorteile in meiner Position als Finanzberater war, dass ich meinen Kunden von Mensch zu Mensch begegnen konnte. Der Beruf war Futter für meine Seele, ich erlebte Gottes Versorgen und Eingreifen und konnte anderen Menschen in Schlüsselmomenten ihres Lebens helfen. Wer hätte gedacht, dass ausgerechnet in Gesprächen über Geld der Himmel auf die Erde kommen würde …

Ich fing an, mein Leben Stückchen für Stückchen wiederaufzubauen. Aber immer noch musste ich jeden Atemzug vorher planen.

Das Atmen ist eigentlich ganz einfach. Man holt Luft und bläst sie wieder aus. Aber das war bei mir nicht mehr selbstverständlich. Das Narbengewebe in meiner Lunge reduzierte meine Atemkapazität auf weniger als die Hälfte des Normalen. Nur etwa 40 Prozent meiner Lunge – die oberen Lungenlappen – waren noch funktionsfähig. Das Ergebnis war, dass meine Gedanken ständig ums Atmen kreisten.

Schön einatmen. Jetzt ausatmen. Die Ärzte hatten gedacht, dass ich irgendwann wieder ganz gesund werden würde. Oder wenigstens fast. Damit lagen sie falsch.

Gut, meine Gesundheit verbesserte sich, vor allem, wenn man sie mit meinem elenden Zustand im Lazarett verglich, aber ich musste immer noch mit sehr starken Einschränkungen leben. Alles, was eine kontrollierte Atmung erforderte, war praktisch unmöglich. Ich konnte nicht singen, auch nicht in der Kirche. Meine geliebten Bergwanderungen in Colorado – unmöglich. In den Bächen und Flüssen angeln konnte ich noch, und diese Stunden waren Oasen in meinem Leben; aber die Bäche durften nicht zu hoch in den Bergen liegen. An Skilaufen war nicht mehr zu denken. Der Unterschied zwischen einem körperlich hochaktiven Leben und dem Leben eines Körperbehinderten machte mir schwer zu schaffen.

~~~~~

Elaine und ich hatten uns immer Kinder gewünscht, und 1983, als ich 27 Jahre alt war, wurde uns unser erster Sohn, Jarrod, geschenkt. Zwei Jahre später merkte ich, dass ich nicht mehr mithalten konnte, wenn Jarrod losrannte. Im gleichen Jahr kam unser zweiter Sohn, Brett, zur Welt. Jetzt hatten wir zwei hübsche Jungen. Beide freuten sich ihres Lebens und waren voller Energie. Und ich? Konnte immer öfter nur zuschauen, wenn sie herumtollten. Was für ein Vater war ich eigentlich?

Ich hatte als Kind nicht viel spielen können. Als ich also Vater geworden war, war es mir ein großes Anliegen, mit meinen Jungen spielen zu können. Aber allzu viel ließ sich mit meiner lädierten Lunge nicht machen. Krabbeln, Laufen, Rennen – meine Söhne machten zügige Fortschritte. Ich merkte mit Entsetzen, wie viele der Aktivitäten eines Dreijährigen schlicht zu anstrengend für meine Lunge waren. Ein Vater, der nicht mit seinen Kindern spielen konnte – was gab es Schlimmeres?

Ich konnte nicht mit ihnen im Stadtpark Fußball spielen. Ich musste hilflos zuschauen, wie sie mir buchstäblich davonrannten. Ich konnte sie zwar anfeuern, aber mitmachen konnte ich nicht.

Und ich wollte doch so gerne ein guter Vater sein. Solange sie nicht Gott als ihren himmlischen Vater kennenlernten, war ich der einzige Vater, den sie hatten. *Gott, hilf mir, mach mich durchsichtig für dich!*, betete ich. Ich wollte für meine Kinder ein Hinweis auf Christus sein. Ich wollte, dass sie zum himmlischen Vater fanden, weil sie ihn in mir gesehen und erfahren hatten. Ich wollte nicht, dass sie so ein Zuhause hatten wie ich damals; meine Söhne sollten es besser haben!

Die Jahre nach meinem Himmelserlebnis und der folgenden Invalidität schweißten Elaine und mich zusammen. Diese Frau war geistlich, seelisch und gesundheitlich (als Physiotherapeutin) meine treue Krankenschwester. Sie war immer da und liebte mich auf hundert Weisen. Sie kannte mich, sie stand zu mir, sie sorgte für mich.

Doch trotz dieser Liebe, die Elaine mir so selbstlos gab, fühlte ich mich oft nur wie ein halber Mensch, ja manchmal wie jemand, der so viel Liebe nicht verdiente. Ich war nicht in der Lage, der Ehemann zu sein, der ich so gerne sein wollte. Viele Frauen hätten in so einer Situation ihren Mann verlassen. Nicht Elaine. Sie war mit Abstand der stärkste Grund dafür, dass ich meine trüben Gedanken nie in die Tat umsetzte – zum Beispiel den Wunsch, meinen

Tod in die eigenen Hände zu nehmen –, der mir manchmal kam, wenn die Sehnsucht nach dem Himmel übermächtig werden wollte.

Ein zweiter Grund dafür, dass ich weitermachte, war ein gewisses Bewusstsein, dass es einen Sinn haben musste, dass ich damals, 1976, nicht im Himmel hatte bleiben dürfen. Es musste einen Grund dafür geben, dass ich immer noch auf dieser Erde war. Der Gedanke an Selbstmord kam mir wie eine Sünde vor. Mit dem Freitod hätte ich ja versucht, mein Schicksal selbst in die Hand zu nehmen, anstatt meinen Willen dem des Vaters unterzuordnen. Ich hätte mich selbst zum Herrn meines Lebens erklärt und den Vater missachtet.

Aber ich will ehrlich sein: Es war ein ständiger Kampf für mich weiterzuleben. Ja, es gab sie, die schwarzen Augenblicke der Sehnsucht, wo ich in meinem Herzen nur noch einen Wunsch hatte: zu Hause im Himmel zu sein, egal, wie ich dorthin kam. Vor allem in den Jahren, bevor unsere Kinder geboren wurden, war es ein echter Kampf, solche Gedanken in Schach zu halten, ja manchmal wie ein Krieg. Ich liebte Elaine aus ganzem Herzen und ganzer Seele, aber ich wollte nicht länger auf dieser Erde sein, vor allem nicht in diesem kaputten Körper, der sich weigerte, gesund zu werden. Ich fühlte mich eingesperrt in einen Sack aus Haut, der nur halb funktionierte. Gut, ich kannte andere Veteranen, denen es noch viel schlechter ging, und war dankbar für das, was ich hatte. Und doch …

Ich habe keinen Zweifel: Hätte ich mich tatsächlich umgebracht, wäre ich zurück in den Himmel gekommen, zu dem Gott, der mich so tief liebt. Und ich habe auch keinen Zweifel daran, wie Gott mich begrüßt hätte. Er hätte gesagt: *Was? Du – schon hier? Willkommen zu Hause, aber … ist das nicht ein bisschen früh?* Dass ich Gott das Ruder aus der

Hand nahm – irgendwie hätte es einen gewaltigen Mangel an Vertrauen demonstriert, etwas, das absolut nicht dem entsprach, was er für mich vorhatte, auch wenn ich seinen Willen damals noch nicht verstehen konnte.

Aber wie ich mich danach sehnte, nicht länger auf dieser Erde zu sein!

Die Erde und der Himmel schienen unendlich weit voneinander entfernt zu sein.

***

Nicht selten war ich mehrere Tage pro Monat krank und konnte nicht arbeiten. Mein Immunsystem war immer noch angeschlagen. Die banalste Erkältung schlug mir sofort auf die Lunge und legte mich flach. Diese Krankheitszeiten schränkten mich körperlich noch mehr ein und ich erholte mich nur sehr schwer davon. Wer selbst schon Ähnliches durchgemacht hat, kann sicher gut verstehen, was für eine deprimierende Erfahrung das ist – vor allem für einen Mann, der noch keine dreißig ist. Und dazu noch ein junger Ehemann und Vater.

Jahr für Jahr verbrachte ich so viel Zeit mit dem Versuch, einigermaßen normal zu erscheinen. Jeder Bereich meines Lebens war davon betroffen. Ich überlegte mir sehr genau, wohin ich ging, was ich machte und mit wem ich es machte, immer mit der Frage im Hinterkopf, was dies für meine Gesundheit bedeutete bzw. dafür, als wie gesund mich meine Mitmenschen erlebten. Was passierte, wenn ich dies oder das machte? Oder sollte ich stattdessen lieber jenes tun?

Das ist jetzt mein Leben, dachte ich. *Ich muss eben mal sehen, wie ich klarkomme.*

Ich bin eigentlich ein Optimist, was bedeutete, dass ich mich auf einer ständigen Achterbahn befand. Immer wieder glaubte ich fest daran, dass ich gesund werden würde, nur um die nächste Enttäuschung zu erleben. Mit den Jahren wurde die Hoffnung kleiner. Gut, ein paar Fortschritte machte ich: Ich legte etwas zu an Gewicht und Körperkräften. Aber der Kontrast zwischen dem, was ich einmal gewesen war, und meinem gegenwärtigen Zustand war heftig. Fast so heftig wie der andere Unterschied, der mich ständig verfolgte: der Abstand zwischen dem Anderen Land und dieser Erde.

Wie es ist, ständig kurzatmig zu sein – das kann wohl niemand nachvollziehen, der es nicht selbst erlebt hat. Die Angst, ja Panik ist immer nur einen Atemzug entfernt, als ein ständiger Begleiter. Ich ergab mich schließlich in mein Schicksal. Wenn das mein Leben war, würde ich mich halt damit arrangieren. Ich wollte mich nicht als hilfloses Opfer sehen.

Je länger jemand behindert ist, umso mehr glaubt er, dass er seine Behinderung nie mehr loswird – so ist jedenfalls meine Erfahrung. Mein Denken passte sich immer mehr an mein Handicap an. So, wie ich jetzt war, würde ich halt bleiben, da würde sich nichts mehr ändern. *So ist dein Leben nun mal, also mach das Beste daraus* – das wurde mein Motto.

Ich kam keinen Augenblick auf den Gedanken, dass der himmlische Vater etwas anderes wollte als diesen Steven mit nur 40 Prozent Lungenkapazität, den Steven mit all den brennenden, bohrenden Fragen in seiner Seele.

Und dann geschah das Undenkbare. Nein, ich kam nicht zurück in den Himmel, aber ein Stückchen Himmel kam zu mir.

7

„Himmelskugeln"

Es war im Frühling 1980, vier Jahre nach meinem Nahtod-Erlebnis. Ich saß in der hinteren Ecke eines Frühstückscafés, dessen Spezialität Pfannkuchen waren, und traf mich mit einem Kunden zu unserem frühmorgendlichen Termin. Ich trug einen Nadelstreifenanzug mit Krawatte und blank polierte Schuhe, um meine Jugend und meine schlechte Gesundheit so gut es ging zu kaschieren. Der Kunde kam auf die Minute pünktlich. Er trat in das Restaurant, erspähte mich in meiner Ecke, winkte mir zu und setzte sich zu mir.

Während wir uns unterhielten, sah ich, wie ein Mann mit seinem kleinen Sohn ins Restaurant kam und sich an einem Tisch neben der Kasse niederließ. Er sah wie ein Holzfäller aus, bis hin zur passenden rotweiß karierten Jacke. Er zog die Jacke aus und warf sie auf die Bank neben sich. Sein Sohn war ein lebhafter Sechsjähriger mit blonden Haaren und blauen Augen, der Feuer und Flamme zu sein schien, dass er hier mit seinem Vater frühstücken konnte. Er weigerte sich, einen Kindersitz zu benutzen, und kletterte stattdessen auf die Bank, wo er sich hinhockte.

Ich war mitten in meiner Präsentation, als unser ruhiges

Gespräch abrupt unterbrochen wurde. Der Holzfällertyp langte über den Tisch und gab seinem Sohn eine Ohrfeige, dass dieser von der Bank auf den Fußboden fiel. Die Gespräche im Restaurant verstummten.

Ich merkte, wie irgendwo in mir ein Schalter umgelegt wurde; es musste wohl mit der Gewalt zu tun haben, die ich selbst als Kind erlitten hatte. Ich nickte meinem Kunden zu. „Entschuldigen Sie mich einen Augenblick."

Ich ging zu dem Jungen, der weinend auf dem mit Teppich ausgelegten Fußboden lag, hob ihn vorsichtig hoch und nahm ihn in die Arme. Er blutete nicht. Gut. Ich setzte den Jungen wieder auf seine Seite des Tisches und nahm neben ihm Platz. Dann beugte ich mich nach vorne, zu dem Holzfällertyp hin.

„Sir, Sie sollten Ihren Sohn um Entschuldigung bitten für das, was Sie da gerade gemacht haben."

Der Mann starrte mich an. Er konnte es wohl nicht fassen, dass dieser schmächtige Typ in Schlips und Anzug ihn zur Rede stellte.

„Was erlauben Sie sich da? Was geht Sie das an?"

„Ich bin jemand, der Sachen wie die, die ich da gerade mitbekommen habe, nicht durchgehen lässt. Noch einmal: Bitten Sie Ihren Sohn um Entschuldigung!"

„Und wenn ich das nicht mache?"

Ich drehte mich zur Frau an der Kasse um. „Rufen Sie die Polizei! Sagen Sie, dass wir die Polizei, einen Krankenwagen und jemanden vom Jugendamt brauchen!"

Ich wandte mich wieder dem Holzfällertypen zu. In mir spürte ich eine Autorität, die viel stärker war als meine eigene. „Wenn Sie sich nicht sofort bei Ihrem Sohn entschuldigen, werde ich mit Ihnen das machen, was Sie gerade mit ihm gemacht haben."

„Wer gibt Ihnen das Recht, sich in meine Angelegenheiten einzumischen?"

„Wer gibt *Ihnen* das Recht, Ihren Sohn für nichts und wieder nichts zu schlagen? Ich sehe doch, dass das nicht das erste Mal war."

„So hat mein Vater mich halt auch erzogen. Und jetzt hauen Sie ab!" (Die Flüche, mit denen er seine Sätze garnierte, habe ich ausgelassen.)

Ich sah ihn fest an. Ich erinnerte mich an meine Kindheit. „Als Sie so alt waren wie Ihr Sohn, wie hat es sich da für Sie angefühlt, dauernd Schläge zu kriegen?"

Das saß. Ich merkte, dass die Worte ihn ins Herz trafen. Das Einzige, was man im Restaurant hörte, war die metallische Stimme aus der Notrufzentrale, die aus dem alten Telefon hinter der Theke kam. „Was ist der Grund für Ihren Notruf? Hallo? Hallo?"

Die Augen des Holzfällertyps füllten sich mit Tränen.

„Sagen Sie, dass das gerade ein Versehen war!", rief ich der Frau an der Kasse zu. „Die brauchen nicht zu kommen, es ist alles okay."

Ich blickte wieder zum Vater des Kindes. Einen Augenblick lang schien die Zeit stillzustehen. „Sie waren lange genug in dieser Spirale der Gewalt gefangen. Brechen Sie aus. Lassen Sie das hinter sich. Tun Sie es hier und jetzt. Bitten Sie Ihren Sohn um Entschuldigung."

Der Mann tat es.

Zum ersten Mal, seit ich im Anderen Land mit Jesus spazieren gegangen war, fühlte ich mich wieder wie im Himmel. Völlig unerwartet spürte ich eine Welle der Tiefe, der Heilung, der Barmherzigkeit, des „Alles ist gut". Ich spürte die ausgestreckten Hände der Freude und des Friedens. Alles war gut, und das „Alles" war mehr als das, was man in der Gaststube sehen konnte. Menschenworte reichten nicht, um es zu erklären. Da war plötzlich ein unsichtbares Band, das von diesem Frühstückscafé in Colorado direkt in die himmlische Welt führte. Ich kann es nur so beschreiben, dass ich für einen kurzen Augenblick etwas Ähnliches spürte wie die Gegenwart von Jesus damals im Himmel. Es überraschte mich, es hüllte mich ein, es überwältigte mich. Ich war nicht der Einzige, der das spürte. Dieses Gefühl war wie eine unsichtbare Kugel, zart und schön.

Als die Kassiererin den Telefonhörer wieder auflegte, begann sie zu weinen, die Hand vor ihrem zitternden Kinn. Ein paar Schritte weiter fuhren die Café-Gäste fort, ihre Pfannkuchen zu schneiden und ihre Eier mit Speck zu essen. Das kleine Drama, das sie beim Frühstücken gestört hatte, war schon wieder vergessen.

Einen heiligen Augenblick lang spürte unsere kleine Gruppe die Gegenwart Gottes, seine Liebe, seine ausgestreckten Arme. Wir waren eingehüllt von Freude, festgehalten und doch frei, unsere Augen sahen das Leben aus einer Perspektive, die höher war als die der Menschen.

Ich ging zurück an meinen Tisch und setzte mich wieder zu meinem Kunden, meine Seele zugleich erschüttert und zum ersten Mal seit vier Jahren erfüllt und satt.

Mein Kunde starrte mich ungläubig an. „Das ist das Unglaublichste, was ich je erlebt habe! Wo haben Sie denn diesen Mut her?"

Ja, woher? Ich wusste nicht, wie ich es formulieren sollte. Von einem Ort, von einer Person, weit entfernt. Oder doch nicht weit. Vielleicht viel näher, als ich gedacht hatte.

Dies war nur der erste von mehreren solcher schier unglaublichen Augenblicke, die ich erleben sollte. Ich erkannte diese Augenblicke daran, dass plötzlich Gottes Gegenwart aufblitzte, auf eine Art, die unerwartet war. Ich fing an, diese Szenen „Himmelskugeln" zu nennen, denn so ähnlich fühlten sie sich an. Nein, nicht bunte Seifenblasen, die ziellos durch die Luft schwebten, um dann zu zerplatzen, sondern unsichtbare Kugeln, die kostbar, unendlich fein und von unersetzlichem Wert waren. Augenblicke der intensiven Nähe Gottes. Mit Boten aus der anderen Welt, die kommen und wieder gehen und uns daran erinnern, wie unsere Welt eigentlich sein sollte.

Jedes dieser Erlebnisse erinnerte mich daran, wie der Himmel sich angefühlt hatte. Manche von ihnen waren Begegnungen oder Gespräche, die ich nie wieder vergaß und die auf eine gute Art ungewöhnlich und tiefgründig waren. Manche waren ziemlich alltäglich, andere (aber nicht alle) buchstäblich wunderbar. Ihr untrügliches Markenzeichen war das Gefühl, dass ich so etwas Ähnliches schon einmal erlebt hatte. Dort – im Himmel. Sie hatten eine Tiefe und ein unerklärliches Etwas, die ich als Gottes Gegenwart und Liebe erkannte. Der rote Faden, der diese Erlebnisse zusammenhielt, war das Gefühl, wieder zurück im Himmel zu sein, diese unerhörte Liebe, Freude und Klarheit zu spüren. Es waren die gleichen Gefühle, vielleicht nicht genauso stark, aber genauso vollwertig. Wie ein Echo vielleicht. Der gleiche Klang, nur leiser und aus größerer Ferne.

Diese Augenblicke stachen natürlich aus meinem Alltag heraus und gaben meinem Leben Farbe. Sie passierten nicht oft, aber oft genug, dass sie mir Kraft zum Weiterleben und zum Warten auf die Gegenwart Gottes schenkten. Sie passierten gerade häufig genug, um mich daran zu erinnern, dass Gott ja nicht nur im Himmel ist, sondern auch hier, in unserem Leben. Sie zeigten mir: *Wenn du auf der Erde bist, bist du immer noch in der Gegenwart Gottes.*

Eine besonders unvergessliche „Himmelskugel" hatte mit einem meiner Kunden zu tun. Im Sommer 1980 waren Chuck und seine Frau Bonnie gerade aus einem Urlaub im Nordwesten der USA zurückgekehrt. Sie waren beide Anfang fünfzig. Es war Zeit für den jährlichen Besprechungstermin, und wir setzten uns und unterhielten uns über das liebe Geld. Keine Probleme, nichts Besonderes. Sicher würde der nächste Termin, im nächsten Jahr, ähnlich verlaufen.

Aber im Herbst rief Chuck mich auf einmal an. „Ich brauche dringend einen Termin." Der Grund war einfach. Chuck konnte nichts vorweisen, was irgendwie nach Karriere aussah. Er war ein unruhiger Geist gewesen, der von einem Job zum nächsten gewandert war. Eigentlich hatte er nie einen Beruf gehabt, sondern nur Jobs. Die längste Zeit beschäftigt gewesen war er in der Firma, wo er gerade arbeitete. Er war im Verkauf tätig, als Vorkalkulator für ein Bauunternehmen. Es war eine gute Stelle; zum ersten Mal in seinem Leben bezog Chuck ein geregeltes Einkommen. Und jetzt plötzlich dieser ominöse Anruf. *Das sieht nicht gut aus,* dachte ich.

„Wo sollen wir uns treffen und wann?", fragte ich. „Such dir's aus."

„Nächsten Dienstag um sechs Uhr morgens", antwortete er. „Zum Frühstück im Apple Valley Inn."

Als ich am Dienstag in das Café trat, saß Chuck schon am Tisch in der hinteren Ecke. Das Apple Valley Inn ist eine jener Gaststätten, wo um sechs Uhr morgens Köchin, Bedienung und Kassiererin ein- und dieselbe Person sind. Gutes Essen, starker Kaffee, keine anderen Gäste. Genau das Richtige für unser Gespräch, für das es Platz, ein gutes Ambiente und Vertraulichkeit brauchte. Und Kaffee.

Chuck stand unter Schock. Er erzählte mir die Geschichte. Als er nach seinem Urlaub zurück an seine Arbeit ging und das Büro betrat, sah er, dass sein Schreibtisch weg war. An seiner Stelle stand ein großer Computer. Alle seine Sachen waren in einer Kiste, und vorne auf der Kiste war ein Klebezettel angebracht, auf dem stand: „Bitte beim Chef melden."

Was für eine Kündigung! Chuck war 53 Jahre alt und soeben durch einen Computer ersetzt worden. „Für den brauche ich noch nicht einmal 'ne betriebliche Krankenversicherung abzuschließen!", feixte der Firmenchef, als er Chuck mit einem Klaps auf den Rücken die Tür wies.

„Kannst du irgendwas mit unserem Geld machen, damit wir über die Runden kommen?", fragte Chuck. „Arbeitslosenversicherung ist keine Option, und eine neue Stelle suchen ist Schwerarbeit für mich."

„Ja, Vorstellungsgespräche sind nicht immer einfach", nickte ich. Ich musste daran denken, wie ich als behinderter Veteran selbst versucht hatte, eine Stelle zu finden.

„Wenn es nur das wäre!", sagte er. „Wer wird mich überhaupt zu einem Vorstellungsgespräch einladen? Schau dir doch meinen Lebenslauf an und wo ich zurzeit bin. Ich bin 53, meine Berufslaufbahn ist ein Witz. Mit mir will keiner auch nur reden. Ich bin technisch unbegabt. Was soll ich nur machen? Kannst du nicht irgendwas mit unserem Geld machen?"

„Ich schaue mir das mal an", sagte ich langsam. „Um jetzt schon in Rente zu gehen, reicht es bei dir noch nicht, aber wir wollen mal sehen. Ich schlage vor, wir treffen uns in einer Woche wieder hier, zur selben Zeit."

Eine Woche später saßen wir wieder im Apple Valley

Inn, vor uns unsere dampfenden Kaffeetassen. Ich holte Luft. „Deine finanzielle Situation ist nicht nur nicht gut, sie ist schlechter als bei unserem Gespräch im Sommer. Wir hatten damals eine Betriebsrente einkalkuliert und mehrere Jahre Gehalt von deinem Job in dieser Baufirma."

Wir schwiegen einen Augenblick. Dann sagte Chuck, als habe er plötzlich eine Idee: „Was hältst du von Wal-Mart?"[2]

Ich fing an, die Wall-Street-Daten über das Unternehmen herunterzurasseln – Ertrag pro Aktie, Marktposition usw.

„Das habe ich nicht gefragt", sagte Chuck. „Noch mal: Was hältst du von Wal-Mart, persönlich?"

„Ich weiß nicht", erwiderte ich. „Ich schätze mal, dass ich ein- oder zweimal im Monat bei denen in der Sportartikel-Abteilung bin. Es ist ein ziemlich großer Laden."

„Also, ganz in unserer Nähe bauen sie gerade 'ne neue Filiale", sagte Chuck. „Überall sind Plakate mit Stellenangeboten. Die suchen Mitarbeiter. Einzelhandel hab ich noch nie gemacht, aber ich glaube, ich könnte da 'ne Stelle kriegen. Obwohl ich bestimmt die Hälfte meiner Freunde verlieren würde, wenn die auch nur sehen, dass ich da reingehe. Bei Gewerkschaftern ist diese Firma verhasst."

Eine Woche später rief er mich wieder an. „Also, ich bin da bei Wal-Mart eingestiegen", sagte er. „Jetzt trage ich auch eine von diesen komischen blauen Westen. Ich stehe am Eingang und begrüße die Kunden. Viel verdienen tue ich nicht, aber ich bin krankenversichert und es ist ein Job."

Die Monate vergingen. Dann, im Frühjahr, rief Chuck mich wieder an. „Apple Valley Inn, sechs Uhr morgens, nächsten Dienstag", sagte er. Ich sagte ihm den Termin zu. Insgeheim rechnete ich mit dem Schlimmsten.

---

2 Wal-Mart ist ein großer US-amerikanischer Einzelhandelskonzern und eines der umsatzstärksten Unternehmen der Welt. (Anm. d. Übers.)

Ich war am Dienstag vor ihm da und setzte mich an „unseren" Tisch. Dann kam Chuck herein, in Cowboystiefeln, neuen Jeans und mit Cowboykrawatte. Offensichtlich war heute sein freier Tag. Er marschierte durch das leere Restaurant und setzte sich zu mir.

Die nächsten fünfundzwanzig Minuten saß ich da und hörte ihm zu. Er liebte seine Arbeit bei Wal-Mart. Er konnte kaum glauben, dass er Geld dafür bekam, Leute zu begrüßen, Stammkunden kennenzulernen und ihnen zu helfen, sich in dem Labyrinth der Gänge und Abteilungen zurechtzufinden. Er redete und redete. „Ich hätte nie gedacht, dass das so werden würde. Ich genieße meinen Job!"

Ich hörte zu und staunte. Und dann sagte er etwas, was mein Leben veränderte.

„Weißt du, was? Ich glaube, Gott selbst hat mir diesen Job gegeben. Als keiner mich einstellen wollte, hat er mich genommen. Gott hat mir diese Stelle gegeben. Dieser Job ist der Himmel auf Erden."

„Der Himmel auf Erden." Mir stiegen Tränen in die Augen. Chuck war überrascht über diese Reaktion. Er hatte eindeutig nicht erwartet, dass sein Finanzberater weinen würde, wenn er von seinem Job bei Wal-Mart hörte.

Ich holte tief Luft und erzählte ihm von meinen fünf Wochen im Anderen Land. Und wie ich nicht dort bleiben durfte, sondern zurückkehren musste. Und dass ich allmählich anfing, den Himmel auch auf der Erde zu sehen und dass er viel näher war, als ich früher gedacht hatte. Es war das erste Mal, dass ich einem Menschen von meinem Erlebnis erzählte.

Chuck hörte mir zu und lächelte.

In den folgenden zwanzig Jahren habe ich mich mit ihm immer wieder frühmorgens in abgelegenen Restaurants

getroffen, um Geschichten über den Heiligen Geist aus-
zutauschen – über Augenblicke, wo wir merkten, dass der
Himmel in unser Leben einbrach. Wir tauschten uns darüber aus, wie man die kleinen Lichter des Reiches Gottes
erkannte. Wie man auf diese Lichter zuging, um zu erleben, wie aus ihnen die nächste Erfahrung mit Gott wuchs.
In Chucks ganz normalem Alltag, an seinem Arbeitsplatz
wirkte Gott! Gott war an den Orten, an die er sich begab,
und in den Menschen, denen er begegnete.

Wir erzählten uns eine Geschichte nach der anderen über
die „Himmelskugeln" und „Fast-Himmelskugeln", denen
wir begegneten. Chuck berichtete mir, wie er offen für Gott
war, wenn die nächsten Kunden in den Laden kamen, wie
er einen Alltagsaugenblick nach dem anderen erlebte, wo
plötzlich der Himmel im Leben eines Menschen aufleuch-
tete. Oder in seinem eigenen Leben. Er war offen für Gott,
bereit, sich von ihm gebrauchen zu lassen. Er nahm sich
Zeit für die Menschen. Er war da für den Angestellten, der
keine Freunde hatte, nahm den Manager in die Arme, den
keiner mochte. Seine Kollegen wussten gar nicht, warum
sie Chuck so mochten; sie waren einfach gerne in seiner
Nähe.

Wir fachsimpelten wie zwei Wissenschaftler in einem
geheimen Forschungslabor. Wir stellten Hypothesen auf,
verglichen unsere Ergebnisse, beglückwünschten einander.
„Weißt du schon, was mir neulich passiert ist?", fing einer
von uns an, und schon kamen sie, die Geschichten. Manche waren alltäglich, andere die reinsten Wunder. Aber in
allen leuchtete das Andere Land auf. Das Land, wo ich gewesen war, der Ort, wo ich mit Jesus gegangen war, der Ort,
zu dem jede Faser meines Herzens sich zurücksehnte.

Ich war so dankbar für meine Freundschaft mit Chuck.

In ihm hatte ich einen Menschen gefunden, mit dem ich reden konnte, jemanden, der mich verstand. Jemanden, der ebenfalls ein Auge hatte für die Gegenwart und das Wirken des Himmelreiches.

~~~

Die nächste große „Himmelskugel" ereignete sich am Bett einer Kundin, die kurz vor dem Tod stand. Manchmal geht es in meiner Firma auch um Entscheidungen, die mit der Gesundheit oder dem Ende des Lebens zu tun haben. Als Alices Verwandte mich anriefen, ahnte ich, was jetzt kommen würde. Sie eröffneten mir, dass Alice auf der Intensivstation lag. Es war ein Wunder, dass sie den Schlaganfall überlebt hatte, aber seit sieben Tagen lag sie im Koma, und jetzt war es so weit. In Alices Unterlagen stand auch mein Name, ich kannte die Familie gut, und jetzt bat man mich also, zu kommen, um mit dabei zu sein, wenn es zu Ende ging.

Alices engste Verwandte waren da, dazu der Gemeindepfarrer, der gekommen war, um Alice die Sterbesakramente zu spenden. Ich stand dabei und hörte zu, wie der Priester flüsterte: „Im Namen des Vaters und des Sohnes und des Heiligen Geistes: Geh ein zu den himmlischen Heerscharen."

Niemand schien dem Priester zuzuhören. Die Schwestern entfernten den Beatmungsschlauch.

Gleich würde sie in den Himmel hinübergehen. Doch stattdessen hustete sie zweimal und wachte auf.

„Verdammt noch mal, das gibt's doch nicht!" Der Arzt war geschockt.

„Seien Sie vorsichtig mit Ihren Worten, Doktor." Der

Priester legte eine Hand auf die Schulter des Arztes. „Sie stehen auf heiligem Boden."

Und ob. Mir war sofort klar, wo Alice in den letzten sieben Tagen gewesen war. Es stand ihr ins Gesicht geschrieben. Sie war im Anderen Land gewesen. Gott und Alice hatten unsere ungeteilte Aufmerksamkeit. Dies hier war ein Wunder. Ich hatte das Gefühl, dass die Gegenwart Gottes bald das ganze Zimmer ausfüllte. Wir alle spürten es, aber ich schätze, nur Alice und ich begriffen es in seiner ganzen Tiefe. Es gab kein trockenes Auge mehr in dem Zimmer.

Ein paar Tage später war Alice wieder zu Hause und organisierte Termine mit ihren diversen Verwandten. Auch mich wollte sie noch einmal sehen und rief mich an. „Kannst du jetzt gleich kommen?", sagte sie. „Ich weiß nicht, wie viel Zeit ich noch habe." Ich ließ mir das nicht zweimal sagen, und dann saßen wir also zusammen im Wintergarten an der Rückseite ihres Hauses. Sie war einer jener Menschen mit einem „grünen Daumen"; was sie pflanzte, das wuchs und gedieh.

Sie saß hoch aufgerichtet auf ihrem kleinen Hocker, im Schoß ihre Gartenhandschuhe. Mit einem mütterlichen Blitzen in den Augen beugte sie sich in meine Richtung und sagte geradeheraus: „Erzähl mir mal, wie das bei dir war im Himmel." Ich hatte ihr kein Wort über mein Erlebnis gesagt, aber irgendwie schien sie Bescheid zu wissen. Es besteht eine Art Seelenverwandtschaft zwischen denen von uns, die schon einmal im Himmel waren, aber nicht bleiben durften.

Den ganzen Nachmittag saßen wir dort zusammen und tauschten uns über unser Erleben aus. Es war erstaunlich, wie viel Ähnliches wir erlebt hatten, aber die Unterschiede waren nicht weniger überraschend. Halb erwartete ich, dass gleich die nächste „Himmelskugel" uns umhüllen würde. Das geschah nicht, aber ich fühlte mich wie ein geliebter Sohn von Alice, wie einer aus ihrer großen Familie, und sie war wie eine Mutter. Dieses Gespräch war eine Maßarbeit Gottes, der genau wusste, dass ich wieder ein Stück Seelengemeinschaft mit einem Menschen brauchte, der seriös und glaubwürdig war und mit dem ich über mein Erlebnis reden konnte.

Indem Gott Alice noch einmal aus dem Himmel zurückkehren ließ, gab er ihr die Gelegenheit, sich von all ihren Verwandten persönlich zu verabschieden. Acht Tage später ging sie das zweite Mal durch den dünnen Vorhang, um zum Himmel aufzufahren, diesmal für immer. Sie hatte die Worte gesagt, für die Gott sie zurückgeschickt hatte, hatte ein letztes Mal Gemeinschaft mit ihren Lieben gehabt und sich im Kreis ihrer Familie aus dieser Welt verabschiedet.

Eine weitere „Himmelskugel" erlebte ich im Winter 1983 in meinem Büro. Cindy, eine intelligente und selbstbewusste Physiotherapeutin und Mutter, rief mich an und bat um einen Termin, gleich nach ihrer Arbeit. Ihr Mann, Roger, würde nicht mit dabei sein.

Sie trug noch ihre helle Arbeitskleidung von der Schule, in der sie angestellt war. Die dienstliche frische Kleidung wollte so gar nicht zu ihrer Miene passen. Sie sah erschüttert und mitgenommen aus. Die Hände im Schoß berichtete sie mir mit monotoner Stimme, was geschehen war. „Roger hat eine andere und ist ausgezogen. Wir wohnen noch nicht lange hier und ich weiß nicht, wo es hier einen guten Scheidungsanwalt gibt." Sie machte eine kurze Pause. „So, jetzt ist es raus."

Mein Herz wurde weit. Der himmlische Jesus war doch der Helfer der Einsamen und Verletzten! Ich spürte plötzlich eine Kraft und eine Überzeugung in mir, die von woanders herkamen. Eine tiefe Barmherzigkeit – viel tiefer als meine eigene – erfasste mich. Ich beugte mich vor. „Du brauchst mehr als einen Anwalt, Cindy. Du brauchst einen Freundeskreis. Ich werde dir helfen, ihn aufzubauen."

Ich sah, wie Cindy innerlich ruhig wurde, als sie sich von Gottes Gegenwart einhüllen ließ. Und was sie spürte, das spürte ich auch: die konzentrierte Liebe Gottes, eine Kostprobe von dem, was ich vor Jahren erlebt hatte, als ich im Licht und im hohen Gras einer Welt stand, die jenseits unserer Welt liegt.

Was in diesem Augenblick geschah und in den darauf folgenden Monaten und Jahren, ging in die Tiefe. Die Worte „Ich werde dir helfen, ihn aufzubauen" waren der Beginn einer ganz neuen Beziehungswelt, die auch die Handschrift des Himmels trug – Hilfe, Achtsamkeit, Fürsorge. Meine Frau, die ja selbst Physiotherapeutin war, schloss sich dem wachsenden Netz an, das Cindy auffing. Wir griffen ihr unter die Arme, damit sie die richtigen Menschen an ihre Seite bekam, mit denen sie ihr Leben wiederaufbauen konnte. Jede Woche trafen wir sie und ihre Töchter in unserer Gemeinde – im Gottesdienst und im Hauskreis. Die Liebe und Barmherzigkeit Gottes, die wir in jenem Krisenaugenblick gespürt hatten, führte zu vielen heilenden Beziehungen.

Als Cindy ein Jahr später anrief und darum bat, Elaine und mich am Wochenende besuchen zu dürfen, weil sie „Rat in einer nicht finanziellen Angelegenheit" brauchte, war ich erst etwas in Sorge. Nun, sie kam und eröffnete uns, dass sie sich beruflich verändern wollte. Sie hatte Medizin studiert, weil sie mit Menschen arbeiten und ihnen helfen wollte, wieder gesund zu werden. Die Stelle, die sie zurzeit im Schulbezirk hatte, war gut. Damit konnte sie Beruf und Familie unter einen Hut bringen, und es brachte mehr Geld als eine Praxis in der Stadt. Aber eigentlich war sie für diese Stelle überqualifiziert und sie merkte, wie sie einzurosten begann. Ihr Herzenswunsch war es, mehr dazu beizutragen, dass Menschen – vor allem Kinder – ihr Leben zurückbekamen.

Elaine und ich sahen beide: Dies hier war eine Berufung. Cindy sehnte sich danach, mehr zu haben als eine Arbeitsstelle. Es war ein Schlüsselmoment, der unter Gottes Segen stand. Uns kamen die Tränen. Cindys Gesicht begann zu strahlen.

In diesem Augenblick wurde Cindy ein anderer Mensch. Sie setzte ihre Entscheidung in die Tat um und trat eine Stelle in einem Krankenhaus in der Stadt an, als Physiotherapeutin für Kinder. Sie verliebte sich richtig in ihre Arbeit. Anstatt ihre Fähigkeiten weiter vor sich hin rosten zu lassen, nahm sie ihre Berufung zur Behandlung von Kindern wieder wahr. Später erzählte sie mir: „Es war gerade so, als ob ich mitten in meiner Arbeit ein Stück Himmel fand." Ich glaube, dieser Satz war wahrer, als sie vielleicht ahnte.

Spulen wir vor auf das Jahr 2010. Cindy war inzwischen zur stellvertretenden Leiterin ihrer Abteilung in dem Krankenhaus aufgestiegen. Eines Tages bat die Personalabteilung sie um ein Gespräch. Man eröffnete ihr, dass sie genügend Punkte für den Ruhestand beisammen hatte. „Sie können jetzt in Rente gehen. Wann möchten Sie die Formulare ausfüllen?"

Cindy rümpfte die Nase. „Muss ich das jetzt schon machen?", fragte sie. Und mir sagte sie, als wir etwas später ihre finanzielle Situation durchgingen: „Es ist einfach so, dass ich noch nicht aufhören möchte."

Ich antwortete ihr: „Cindy, du brauchst nicht mehr arbeiten, um dein Brot zu verdienen. Du kannst jederzeit in Rente gehen. Aber das muss nicht bedeuten, dass du zum alten Eisen gehörst."

Heute, während ich diese Zeilen schreibe, geht Cindy immer noch jeden Tag die eineinhalb Meilen zum Krankenhaus, wo sie arbeitet, und nach Dienstschluss wieder zurück. Sie ist nach wie vor eine attraktive Frau und voller Tatkraft. Cindy erlebt ihren Beruf weiter als Berufung und Auftrag Gottes. Sie tut ihre Arbeit nicht, weil das ihr Job ist, sondern weil sie es als ihren Lebensauftrag sieht, Kinder zu heilen und zu lieben.

Wie reich ihr Leben dadurch geworden ist, lässt sich hier in dieser Welt nicht ermessen. Und begonnen hat es alles mit einer jener merkwürdigen und schönen „Himmelskugeln".

Unser Gott ist der Gott der kleinen Dinge. Unsere Perspektive ist begrenzt, seine ist vollkommen. Und was für uns wie eine normale Situation im Alltag aussieht oder wie ein Konflikt, wie er nun mal vorkommt, kann aus Gottes Sicht ein Augenblick sein, in dem der Himmel ins Leben auf dieser Erde einbricht.

Was bedeutet das für unser Leben? Dass manches von dem, was uns klein und alltäglich erscheint, durch die Brille des Reiches Gottes betrachtet groß und bedeutungsschwer ist. Aber das sehen wir nicht; wir spüren das Gewicht dieses Augenblicks nicht. Oft gehen wir am Himmel auf Erden vorüber, ohne dass wir ihn sehen. Das ist das Paradox des Himmels, wenn er still und heimlich in unser Leben auf dieser Erde einbricht. Gut möglich, dass Sie ihn schon mehr als einmal in Ihrem Leben gespürt und geschmeckt haben – aber haben Sie ihn auch erkannt? Ich weiß nicht, ob ich ihn erkannt hätte, hätte ich nicht mein Erlebnis am anderen Ende jenes weißen Tunnels gehabt.

In den holprigen Jahren meines Lebens waren diese Erfahrungen einer intensiven Nähe Gottes der Treibstoff meiner Seele. Es war wie auf einer langen, langen Autobahnfahrt, wo das Benzin immer gerade bis zur nächsten Tankstelle reicht. Ich sehnte mich weiter nach dem Himmel, wünschte mir nach wie vor, ein anderer Ehemann und Vater sein zu können. Ich sehnte mich weiter zurück nach jenem Ort der Schönheit und Freude, den ich nur so kurz erlebt hatte.

Und immer noch musste ich jeden meiner flachen Atemzüge planen.

8

Die große Wiederholung

Von unserer Hochzeit bis zum Jahr 1982 waren Elaine und ich „Kirchensucher". Wir suchten intensiv nach einer Gemeinde, fanden aber lange keine geistliche Heimat. Dass wir aus unterschiedlichen kirchlichen Traditionen kamen, machte die Sache nicht einfacher. Die Episkopalkirche war etwas für mich, aber nicht für Elaine. Sie war Methodistin, aus einer Freikirche, wo mich wiederum nichts ansprach.

Wir suchten und suchten und entschieden uns schließlich für eine kleine Hauskirche mitten in Denver. Wir suchten eine Gemeinde, in der wir unsere Kinder im Glauben an Jesus Christus und seine Erlösung erziehen konnten, und diese Hauskirche schien das Richtige zu sein. Sie konnte es nicht mit der Gemeinde aufnehmen, in der ich groß geworden war, aber Elaine fühlte sich hier wohl. Die Gemeinde nannte sich Adams Street Fellowship und bestand aus zwölf jungen Familien, die sich in einer alten Garage trafen. Im Winter heizten sie mit einem Kanonenofen. Wir sangen zur Gitarre und zu einem Kassettenrekorder und ließen zur Kollekte einen Hut herumgehen, aus dem wir den Prediger bezahlten.

Die Gemeinde wuchs, und bald zog sie aus der Garage in ein renoviertes altes Haus im Stadtzentrum um. Jetzt kamen 150 Personen zu den Gottesdiensten. Wir schlossen uns der Presbyterianischen Kirche an und hießen jetzt Central Denver Presbyterian Fellowship. Die Kirchenleitung war von unserem Wachstum so beeindruckt, dass sie den Pastor fragte, ob er bereit wäre, nach San Diego umzuziehen, um dort eine wesentlich größere Gemeinde zu leiten. Er sagte zu.

Für Elaine und mich hinterließ sein Wegzug eine schmerzliche Lücke – so schmerzlich, dass wir 1984 fanden, es sei Zeit, uns eine neue kirchliche Heimat zu suchen. Ein Mitglied unserer alten Gemeinde machte uns auf die Vineyard-Gemeinde in Denver aufmerksam, die sich damals in einem ehemaligen Spirituosenladen zum Gottesdienst traf. Er sagte: „Das solltet ihr euch mal ansehen!"

Diese Vineyard-Gemeinde war eine klassische charismatische Gemeinde, die sehr einladend war. Anbetung wurde hier großgeschrieben. Noch nie hatte ich so ein herzliches Willkommen erlebt oder so eine intensive, anbetende Gemeinschaft vor Gottes Thron. In Verkündigung und Alltag dieser Gemeinde war der Heilige Geist eine lebendige, dynamische Person, jemand, den man erfahren und kennenlernen konnte. Er war Gott in uns. Diese Gemeinde war für mich Liebe auf den ersten Blick. Hier fühlte ich mich zu Hause, hier wurden für Elaine und mich das Wort Gottes und das Leben in einer Gemeinde lebendige Realitäten.

Elaine, die eine begabte Musikerin ist, mochte vor allem die vielen Lieder. Mir gefielen sie auch, auch wenn ich wegen meiner lädierten Lunge nicht mitsingen konnte. Ich genoss es, einfach dazusitzen im Meer der Stimmen und erhobenen Hände, die Gott lobten. Wir besuchten fast jede Veranstaltung in dieser Gemeinde.

Dies war eine Kirche, in der man um Wunder betete. Und Gott schenkte sie. Einen Sonntag nach dem anderen saß ich da und hörte die Berichte von Menschen, die geheilt worden waren, bei denen Gottes Kraft ins Leben eingegriffen und es verändert hatte. Ich fand das alles recht interessant, ja beeindruckend, aber konnte mir nicht vorstellen, dass das etwas für mich wäre und dass ich selbst auch solche Wunder erleben könnte. Ich zweifelte nicht, dass die Geschichten, die ich da hörte, wahr waren, aber sie passten nicht zu dem, wie ich den Glauben oder die Kirche bisher erlebt hatte. Sie waren ein bisschen schräg und sonderbar, aber auf eine gute Art. Ich verstand sie nicht, aber ich mochte sie.

Trotz dieser Wunderberichte aus dem Leben anderer Christen und obwohl ich selbst immer wieder erlebte, wie ein Stückchen Himmel die Erde berührte, kam ich nie auf den Gedanken, Gott um Heilung für mein Leiden zu bitten oder auch nur darum, dass andere für mich um Heilung beteten. Ich hatte mich mit meiner Situation abgefunden; so war das nun mal mit mir und daran ließ sich nichts ändern. Dachte ich.

Es kam mir, ehrlich gesagt, ein bisschen vermessen vor, so viel Trara um mich, meine Probleme und meine Krankheit zu machen. Ich ging doch nicht zur Kirche, um etwas von Gott zu bekommen! Wenn man sich einer Gemeinde anschloss, dann doch wohl, um sich einzubringen, um etwas zu geben – und nicht, um etwas zu bekommen; so stellte ich mir Gott einfach nicht vor. Ich hatte das Herz Gottes noch nicht verstanden, das Herz des liebenden Vaters, der seinen Kindern gute Gaben gibt. Ich wusste noch nicht richtig, was sein Wille für unser Leben ist.

Wir waren seit ungefähr zwei Jahren in dieser neuen Gemeinde. Mein Tod und die Rückkehr in einen teilweise zerstörten Körper lagen jetzt etwa zehn Jahre zurück. Es gelang mir wieder richtig gut, Verstecken zu spielen und mit allem irgendwie zurechtzukommen. Es gelang mir, meine Behinderung zu kaschieren. Ich glaube nicht, dass irgendjemand in der Gemeinde wusste, wie krank ich war. Ich machte nicht mit bei den Wettläufen und bei Basketball und sang auch nicht, aber ich war aktiv und engagiert. Ich wollte wie ein normaler Dreißigjähriger aussehen; ich wollte nicht, dass die anderen wussten, wie es in mir aussah.

Und so saß ich in den Gottesdiensten und bekam mit, wie Gott um mich herum wirkte, aber innerlich kämpfte ich mit meinen eigenen Fragen. Etwas musste mich aufwecken und mir zeigen, dass der himmlische Vater etwas anderes für mich hatte als diese innere Einsamkeit und diesen ständigen Kampf und Krampf, ja etwas anderes als das ständige Leben mit meiner Behinderung.

Ich möchte aus dieser Sache kein Dogma machen. Ich behaupte nicht, dass Heilung von Krankheit etwas ist, das jedem Christen automatisch garantiert ist. Wir wissen, dass das nicht so ist – jedenfalls nicht auf *dieser* Seite des Himmels. So geht Gott nicht vor. Seine Perspektive ist zu verschieden von der unseren, und es ist undenkbar, dass sie immer mit ihr zusammenpasst. Aber ich möchte sagen: Diejenigen, die sich nach Heilung sehnen – auch nach der Heilung ihres Körpers –, brauchen das nicht zu verstecken. Gott will, dass wir gesund sind, an Leib und Seele. Er hat dafür gesorgt, dass dies eines Tages Realität werden wird, und manchmal nimmt er ein Stückchen von der kommenden Heilung der ganzen Schöpfung, die er einst schenken wird, schon in unserem Leben hier und jetzt vorweg. Bei Ihnen. Bei mir. Wir müssen in unserer Seele Raum lassen für die Andere Realität, die Realität Gottes. Auch wenn diese uns in unserm Alltag oft unwirklich erscheint.

Ich verstehe das nicht immer, aber ich weiß, dass es wahr ist.

Warum? Weil es mein Leben verändert hat. Sichtbar und greifbar.

⁓

Die damalige Prognose meines Arztes lautete, dass meine Lunge für immer schwer geschädigt war. Der Heilungsprozess war binnen eines Jahres nach meiner Entlassung aus der Marine zum Stillstand gekommen und man rechnete nicht damit, dass sich das noch ändern würde. Für den Rest meines Lebens, so hieß es, würde ich meinen Medikamentencocktail nehmen müssen, um meine Lunge trocken zu halten und einigermaßen Luft zu bekommen, und je eher ich mich daran gewöhnte, desto besser.

Was für einen normalen Menschen eine gesundheitliche Lappalie war, konnte bei mir sehr ernst werden. Bereits eine banale Erkältung musste so behandelt werden wie eine Lungenentzündung. Ständig musste ich Pillen schlucken, um mein chronisch gestresstes Immunsystem vor dem Kollaps zu schützen. Mittlerweile hatte ich auch ein um etwa 50 Prozent vergrößertes Herz, weil mein Herz versuchte, mehr Sauerstoff in den Körper zu pumpen, um meine verminderte Lungenfunktion auszugleichen. (Man kann das auch positiv formulieren: Ich war buchstäblich ein großherziger Mensch!) Medizinisch war ich sozusagen eine belagerte Stadt und ein Ende war nicht abzusehen.

Wenn man längere Zeit mit einer Behinderung lebt, bekommt man eine sensiblere Antenne für seinen gesundheitlichen Zustand. Ich merkte sofort, wenn mein Blutdruck stieg oder wenn eine Erkältung auch nur entfernt im Anmarsch war.

An einem Sonntag im Juni 1986 merkte ich, dass ich dabei war, krank zu werden. Bei einem gesunden Menschen wäre es vielleicht nur ein heftiger Schnupfen gewesen; meinen geschwächten Körper konnte die Sache für längere Zeit aufs Bett werfen. Nein, bitte nicht schon wieder ...

Am Montagmorgen hatte ich Wasser in der Lunge. Ich blieb zu Hause. Am Dienstag war es noch schlimmer und ich blieb im Bett. Ich merkte: Diesmal würde es lange dauern, bis ich wieder auf die Beine kam.

Am Mittwoch hatte ich den Eindruck: *Jetzt musst du bald zum Arzt.* Aber noch versuchte ich, tapfer zu sein. Ich hustete jetzt in verschiedenen Farben; der Schleim aus meiner gestressten, verstopften Lunge wollte kein Ende nehmen. Ich war ein Häufchen Elend; mein kaputtes Immunsystem war völlig überlastet. Wie ich das alles hasste!

Am Donnerstagmittag fand ich die Kraft, aus dem Bett aufzustehen und mich anzuziehen. „Ich geh heute in die Kirche", sagte ich zu Elaine; ich hatte vor, die Abendandacht zu besuchen, als Ersatz für den Sonntaggottesdienst, den ich diese Woche verpasst hatte.

Elaine sah mich ungläubig an. „Soll das ein Witz sein? Du gehörst ins Krankenhaus!"

Aber ich spürte einen merkwürdigen inneren Drang, den ich selbst nicht recht erklären konnte. Und eine übermächtige Sehnsucht nach Heilung. Zwei Jahre lang hatte ich mir die Heilungspredigten in dieser Gemeinde angehört und das „Wirken des Heiligen Geistes" miterlebt, wenn Menschen plötzlich gesund wurden. Ich wusste selbst nicht, was ich an diesem Abend erwartete – nur, dass ich hingehen musste. Es war der gleiche innere Drang wie damals, als ich im Lazarett unbedingt in die Kapelle wollte. Ich wusste einfach: *Du musst da hin!*

Ich stieg ins Auto und fuhr in die Stadt. Dort schloss ich mich dem Strom der Gottesdienstbesucher an und schlurfte in das Gebäude. Dann setzte ich mich ganz hinten hin, hinter der Tonkabine. Die Musik begann.

Es war eine Atmosphäre der tiefen Anbetung an diesem Abend. An die Predigt kann ich mich nicht mehr erinnern, aber umso mehr an ein immer stärkeres Bewusstsein, dass Gott gegenwärtig war und dass wir uns an einem heiligen Ort befanden. Zum Abschluss des Gottesdienstes kam, in klassisch charismatischer Tradition, der Aufruf, „nach vorne zu kommen", und er richtete sich nicht nur an die, die sich bekehren oder einen Neuanfang mit Jesus machen wollten, sondern auch an alle, die Heilung brauchten.

Vorne stand hoch aufgerichtet Tom, unser Pastor, und ging alle möglichen Krankheiten durch. Einer nach dem anderen standen die Anwesenden auf und gingen nach vorne, um für sich beten zu lassen. Ich saß da und schaute zu. Das ging eine ganze Weile so, dann verließ Tom das Mikrofon, um zu den Mitarbeitern zu treten, die sich um die kümmerten, die nach vorne gekommen waren. Doch dann blieb er plötzlich stehen, ging zurück ans Mikrofon und sah uns an.

„Einen Augenblick", sagte er. „Bei uns sitzt jemand, der schon sehr lange krank ist. Zehn Jahre."

Ich horchte auf.

„Du bist schon die ganze Woche krank. Sehr sogar. Ich glaube, es ist etwas mit deiner Atmung."

Meine Augen wurden groß. Das gab es doch nicht! In der ganzen Gemeinde wusste nur Elaine um meine Behinderung und meine Krankengeschichte, aber es gab keinen Zweifel: Tom redete von mir. Ich rappelte mich hoch. Der innere Drang, den ich den ganzen Tag schon gespürt hatte, zog mich vom hinteren Ende des Saales nach vorne, zu den Betern. Ich trat in den Mittelgang.

Ich schaffte noch nicht einmal die Hälfte der Strecke nach vorne.

Randy Phillips, einer der Hilfspastoren, bahnte sich einen Weg durch die Menge, den Blick fest auf mich gerichtet. Er streckte den Arm aus und legte mir seine Hand auf die Brust. Ich hatte ein Gefühl, als ob so etwas wie ein elektrischer Strom durch meinen Körper schoss.

Dann fiel ich zu Boden.

Zum zweiten Mal in meinem Leben bin ich schwerelos und ohne Körper. Ich fliege durch denselben blendend weißen Tunnel wie vor zehn Jahren, wieder unerhört schnell. Es beginnt wie eine Wiederholung der fünf Wochen, als mein Körper im Koma im Navy Hospital lag.

Wieder werde ich aus dem leuchtenden Tunnel hinausgeschleudert, an denselben Ort wie damals. Dieselbe Eiche begrüßt mich, in der Ferne sehe ich denselben Wald. Wieder falten sich hinter den Wiesen Berge auf, wieder ist links ein Tal. Ich sehe, rieche und höre das Gleiche wie beim ersten Mal. Wieder biegt sich das hohe Gras unter meinen Fingern.

Ich bin wieder im Himmel!

Wieder erlebe ich alle Gefühle des Himmels in ihrer ganzen Vollkommenheit. Ich bin eingehüllt von purer Freude. Wieder stärken sich meine Sinne an dieser Wirklichkeit, die alle Realität übersteigt. Wieder die Musik und die satten Farben und dieses Gefühl, dass alles gut ist. Wieder reicht der explosive Friede Gottes bis in die Mitte meines Herzens. Wieder weiß ich mit absoluter Gewissheit, dass ich an dem Ort bin, für den meine Seele geschaffen wurde. Wieder ist alles gut, so gut.

Wieder empfängt Jesus mich mit seiner Kraft und Güte. Doch diesmal spazieren wir nicht durch die Wiese, sondern lassen uns am Stamm der Eiche nieder, im Schatten der breiten Krone. Jesus zieht mich zu sich, sein Arm liegt wieder auf meiner Schulter. Wir beginnen unser nächstes Gespräch.

Diesmal geht er alles durch, was in meinem Leben in den letzten zehn Jahren geschehen ist. Wieder ist sein Blickwinkel perfekt, er gibt allem seinen Sinn. Auf einmal verstehe ich meinen Kampf so viel besser.

Doch dann hält er inne und sieht mich an. „Jetzt wird dein Leben anders werden", sagt er.

Im nächsten Augenblick bin ich wieder im Tunnel, schwerelos fliege ich. Ich kehre zurück.

～～～～

Es war alles so schnell gegangen.

Als ich aufwachte, lag ich auf dem Fußboden der Vineyard-Gemeinde in Denver. Das Gebäude war fast leer; nur drei oder vier Personen waren noch im Saal. Die Lichter gingen nacheinander aus. Die Stühle für den Gottesdienst waren schon wieder weggeräumt. Nach meiner Armbanduhr waren zwanzig Minuten vergangen, seit ich nach vorne gegangen war. Die Leute, die die Stühle weggeräumt hatten, mussten einen Bogen um mich gemacht haben. Dass

121

jemand so lange reglos auf dem Fußboden lag, schien für sie nichts Außergewöhnliches zu sein.

Ich lag da und versuchte, mich zu orientieren. Ich war erstaunt, dass sie mich einfach so hatten liegen lassen. Ein junger Mann musterte mich und rief laut: „Mann! Dich hat Gott ja voll erwischt!"

Gott muss wohl einen Sinn für Humor haben.

Ich beachtete die Unhöflichkeit des jungen Mannes nicht weiter. Ich dachte auch noch nicht über das Wunder nach, das da passiert war. Ich dachte eigentlich an überhaupt nichts, außer an eine Sache. Eine erstaunliche Sache.

Zum ersten Mal in zehn Jahren hatte ich beim Aufwachen voll durchgeatmet!

Jetzt wird dein Leben anders werden. Und ob!

Die Worte klangen mir durch den Kopf, während ich da lag und atmete. Ein und aus, ein und aus.

Das hatte ich nicht erwartet. Ich hatte überhaupt nichts erwartet. Ich kann Ihnen nicht sagen, was mich an diesem Abend in die Kirche gezogen hatte, außer dass es ein innerer Drang war. Ich hatte mich mit meinem Leben als chronisch Kranker arrangiert. Ich hatte mir nicht mehr vorstellen können, dass es je anders werden konnte. Und jetzt das!

Dich hat Gott ja voll erwischt! Ja, das hatte er! Vorher konnte ich mir im Traum nicht vorstellen, dass Gott vorhatte, mich so wunderbar zu heilen. Was für eine Demonstration der Fürsorge und Liebe des Vaters! Er hatte das Seufzen meines Herzens erhört. Die Sehnsucht nach Heilung, die ich nicht in Worte fassen konnte. Den schmerzlichen Wunsch, endlich der Vater und der Ehemann sein zu können, der ich so gerne sein wollte. Es war ein Geschenk, ein reines Geschenk, und es würde den ganzen Gang meines Lebens verändern, da war ich sicher! Ja, jetzt würde alles anders werden.

Ich stieg in mein Auto. Mein Herz wurde weit, mein Glaube war wie neugeboren. Überraschung, Staunen. Meine Gedanken galoppierten, meine Seele machte Freudensprünge. *Ich kann's nicht glauben! Ich kann atmen!*

Mit festen Händen hielt ich das Lenkrad gepackt, während ich fuhr. Meine wunderbar geheilte Lunge sog die Luft ein wie ein neuer Vergaser, und mit dieser Luft schüttete ich mein überfließendes Herz vor dem himmlischen Vater aus.

„Danke! Danke!" Ich war so dankbar, dass es fast wehtat.

„Ich möchte dich besser kennenlernen. Ich möchte eine tiefere Beziehung zu dir haben. Ich möchte, dass du mir zeigst, wozu mein Leben da ist. Warum ich da bin."

Und zum zweiten Mal in meinem Leben hatte ich so viele Fragen. Was bedeutete das hier? Wie würde mein Leben in Zukunft aussehen? Was hatte Gott da mit mir vor?

Diese Rückfahrt nach Hause veränderte mein ganzes Leben. Ich hatte ein Gespräch mit Gott. Ich war es gewöhnt gewesen, Gebete hochzuschicken, und obwohl ich wusste, dass Gott sie hörte, kam es mir manchmal vor, als ob sie nur bis zur Zimmerdecke reichten. Aber jetzt hatte ich plötzlich den Eindruck, dass die Leitung funktionierte und dass Gott mir antwortete. Es war wie eine Fortsetzung meiner persönlichen Unterhaltung mit Jesus. Nicht ganz so deutlich vielleicht, aber dafür hier unten, auf der Erde!

Die Fahrt schien kein Ende zu nehmen. Ich konnte es nicht erwarten, nach Hause zu kommen und Elaine alles zu erzählen.

An diesem Abend erzählte ich Elaine die ganze Geschichte. Alles, jede Einzelheit. Zum ersten Mal erzählte ich es ihr – alles: mein Sterben, mein großes Erlebnis im Anderen Land, meine innere Suche nach dem Sinn hinter allem und nach dem Grund, warum ich noch hier war.

„Jetzt begreife ich", rief sie. „Das passt alles zusammen. Jetzt verstehe ich, warum du so ganz anders warst, als du von der Marine zurückkamst! Ich hatte immer gedacht, das war nur deine Gesundheit, aber es war …"

Es war der Himmel.

„Steven?"

„Ja, Elaine?"

„Ich freue mich so!"

Es war das erste Mal, dass ich jemand anderem als Chuck und Alice erzählt hatte, was ich 1976 erlebt hatte. Jetzt konnte Elaine mich so viel besser verstehen. Sie war absolut begeistert. Mehrere Stunden lang saßen wir da und redeten. Gemeinsam freuten wir uns und dankten Gott für das, was er getan hatte.

***

Dann ging ich zu meinem Hausarzt, Dr. Jenkins, und erzählte ihm die Geschichte von meiner Heilung. „Also, ich bin in einen Gottesdienst gegangen und da hat Gott meine Lunge geheilt."

„So?" Dr. Jenkins klang höflich-professionell, aber die hochgezogene Augenbraue und das herablassende Lächeln verrieten seine verständliche Skepsis.

Bis er sein Stethoskop nahm und mich untersuchte. Und sein Gesicht einen schockierten Ausdruck annahm. „Also … also", stammelte er. „Das ist ja nicht zu glauben, aber …"

„Aber was?", fragte ich.

„Ihre Lunge klingt absolut sauber und gesund. Lebendiges Lungengewebe klingt total anders als totes. Was ich hier höre, ist die Lunge eines kerngesunden Dreißigjährigen. Das ist unglaublich! Ich werde Ihre sämtlichen Medikamente absetzen."

Ich war begeistert. Mein Arzt, für den ich ein chronisch kranker Veteran ohne Aussichten auf Besserung gewesen war, erklärte mir, einfach so, dass ich geheilt war. Die letzten Worte, die Jesus mir gesagt hatte, klangen wieder durch meinen Kopf: *Jetzt wird dein Leben anders werden.*

„Aber schrittweise und allmählich", fügte Dr. Jenkins rasch hinzu, „sonst wird das wie ein kalter Entzug. Aber ..."

„Aber?"

„Sie – brauchen sie nicht mehr."

Das Absetzen war ein mutiger Schritt, bedenkt man, was für ein schwerer Fall ich gewesen war. Aber meine Symptome waren schlicht weg. Gott hatte meinen kaputten Körper repariert. Er hatte die 60 Prozent Narbengewebe in meiner Lunge, die mich zum Invaliden gemacht hatten, verschwinden lassen.

Ich setzte also in kleinen Schritten meine Medikamente ab. Das dauerte etwa einen Monat. Dann ging ich in die Klinik der Veteranenbehörde, um mich amtsärztlich untersuchen zu lassen, denn ich wollte meine staatliche Invalidenrente stoppen lassen, weil ich fand, dass ich keinen Anspruch mehr auf sie hatte. Die Ärzte der Veteranenbehörde bestätigten Dr. Jenkins' Diagnose. Sie konnten es sich nicht erklären, aber jawohl, ich war gesund.

Aber auf die Invalidenrente verzichten? Der Arzt, der mich untersuchte, sah mich an, als ob ich nicht klar im Kopf wäre. Wie kam ich auf die Idee, etwas zu stoppen, auf das ich für den Rest meines Lebens Anspruch hatte? „Wenn Sie Probleme damit haben, etwas umsonst zu bekommen, können Sie das Geld ja für eine gute Sache spenden; da gibt's viele Möglichkeiten", sagte er. Da war etwas dran und ich fing an, meine monatliche Invalidenrente in einen Hilfsfonds für Kinder zu stecken, die in Armut lebten.

In den folgenden Monaten wurde ich vollständig gesund. Ich verwandelte mich nicht zurück in den SEAL-tauglichen Neunzehnjährigen, der ich vor der fatalen Injektion gewesen war, aber ich fühlte mich bestens. Ein gesunder Dreißigjähriger kann problemlos Basketball spielen. Endlich konnte ich Ringkämpfe mit meinen Söhnen austragen. Es war ein Geschenk, ein reines Geschenk Gottes, das einen neuen Abschnitt in meinem Leben einleitete.

Nach meiner Heilung fing ich an, mein Leben im Heiligen Geist neu und bewusster zu führen. Ich wusste, dass meine Heilung von dem allgegenwärtigen Helfer kam, den Jesus in den Evangelien verheißen hat, und ich öffnete mich ihm nach bestem Wissen und Gewissen, im Gebet, im Bibellesen, im Gottesdienst und im Loben und Danken. Ich ließ ihn immer mehr als Führer und Berater in mein Leben hinein und wurde so nicht nur körperlich, sondern auch geistlich gesund. Es war ein innerer Entwicklungsschub und absolut wunderbar. Es war einer jener Abschnitte im Leben, die man nie mehr vergisst. Das Leben war gut und reich. So, wie Gott es sich gedacht hatte.

Jetzt wird dein Leben anders werden.

Die Worte ließen mich nicht los, sie waren wie ein Echo des Evangeliums.

9

Noch mehr Himmel auf Erden

Ich war geheilt worden. Geheilt!

Bald spielte ich Basketball mit unserem Pastor. In Basketball bin ich ziemlich gut.

„Mann, du bist schon zwei Jahre hier?", fragte er mich. „Warum bist du noch nicht in unserem Vineyard-Team?"

„Ich fange gerade erst wieder an zu spielen", sagte ich, während wir auf dem Spielfeld hin- und herrannten. „Habe lange nicht gespielt."

Sobald sich eine gute Gelegenheit ergab, erzählte ich ihm die Geschichte von meiner Heilung an jenem Donnerstagabend. Ich war geheilt worden! Er freute sich, war aber nicht weiter erstaunt. Gottes heilende Kraft war überall in dieser Gemeinde zu spüren, und Fälle wie meiner waren immer etwas Schönes, aber keine seltene Ausnahme. Nun, *ich* staunte sehr wohl. Mein Leben hatte sich nach diesem so unerwarteten Eingreifen Gottes radikal verändert.

Ich fühlte mich plötzlich wieder wie ein Junge. Meine beiden Söhne ließen das Kind in mir auf eine Weise hervorkommen, die ich nicht für möglich gehalten hatte. Nachdem Gott mir meine Lunge wiedergegeben hatte, hatte ich die Gesundheit und die Vitalität, meinen Söhnen endlich ein richtiger Vater zu sein. Und binnen zwei Jahren wurde unser dritter Sohn, Aaron, geboren. Elaine witzelte: „Ich habe vier Kinder. Drei habe ich geboren und eins hab ich geschenkt bekommen." Das stimmte. Ich war wieder ein Kind; ich tollte mit unseren Söhnen herum, rannte und spielte und sprang und lieferte mir Ringkämpfe mit ihnen. Wir spielten viel. Für mich war es das Geschenk des himmlischen Vaters für einen Mann, der so gerne ein guter, glücklicher, zu Spiel und Spaß aufgelegter Vater sein wollte.

Weil Gott mir dieses große Geschenk gegeben hatte, wollte ich mich ihm erkenntlich zeigen. Meine Theologie war damals immer noch stark vom Gedanken der Leistung und Gegenleistung bestimmt: Wenn Gott dir etwas gibt, musst du dich dafür erkenntlich zeigen. Und so versuchte ich, meine Dankbarkeit für meine Heilung dadurch zu zeigen, dass ich großzügig spendete, freiwillig Dienste in der Gemeinde übernahm, da war, wenn jemand gebraucht wurde usw. Das war alles gut gemeint, aber dahinter lag ein falsches Denken. Ich begriff noch nicht, dass meine Heilung umsonst war. Sie war ein *Geschenk* meines himmlischen Vaters, das er mir gemacht hatte, weil er mich liebte. So wie ich meinen Söhnen einfach so etwas schenkte, weil ich das gerne machte, hatte Gott mir meine Heilung geschenkt.

Aber ich dachte immer noch, wenn auch weitgehend unbewusst, dass ich mir dieses Geschenk sozusagen nachträglich verdienen musste. Es zurückzahlen musste. Noch begriff ich nicht die Großzügigkeit Gottes. Viele Menschen – ich war damals einer von ihnen – missverstehen Gottes Heilungen und sonstigen Geschenke im Sinne des Wohlstandsevangeliums, nach welchem Gott dazu da ist, dass er uns das gibt, was wir wollen. Nichts könnte weiter von der Wahrheit entfernt sein. Aber es gibt eben auch den entgegensetzten Fehler: dass man sich Gott als eine Art säuerlichen himmlischen Buchhalter vorstellt, der für alles, was er uns gibt, etwas zurückbekommen will.

Meine Erlebnisse mit dem Himmelreich machten mir klar, wie Gottes Wesen wirklich ist. Gott ist nicht dazu da, dass wir es immer schön und gemütlich haben, aber wenn er uns etwas schenkt, braucht er dafür keine Begründung und keinen Anlass, außer seiner Liebe. Er ist ein Vater, der seinen Kindern gerne Geschenke macht. Geschenke, die wir brauchen, die uns Freude machen, die einfach gut sind. Und solche Augenblicke, wo Gott uns etwas schenkt, mit dem wir nie gerechnet hätten, erinnern mich auch an eine zweite Eigenschaft der Geschenke Gottes: dass sie mehr sind, als wir uns je hätten vorstellen oder erwarten können.

Aber egal, was meine Motive waren, ich begann ein neues Leben des Dienstes und der Mitarbeit in der Gemeinde. Ich fing an, selbst für Menschen zu beten und ihnen die Hände aufzulegen, und Gott tat große Dinge. Sein Geist fing an, mich auf eine Art und mit einer Freiheit zu gebrauchen, die ich nicht gekannt hatte. In den vergangenen zehn Jahren hatte ich Gott nur hin und wieder in den „Himmelskugeln" erlebt; jetzt spürte ich zum ersten Mal in meinem Leben ganz deutlich, wie er mich als sein Werkzeug gebrauchte. Was war das gut!

Ich erlebte immer mehr Augenblicke, in denen der Himmel auf die Erde kam.

Elaine und ich schlossen uns dem Team an, das in den Gottesdiensten für Menschen in Not betete. Eines Sonntags kam eine Frau, die eine Wirbelsäulenverkrümmung ganz krumm gemacht hatte, nach vorne und bat um ein Heilungsgebet. Ich bin 1,80 Meter groß, und als die Frau nach vorne kam, war ich über einen Kopf größer als sie. Wir legten ihr die Hände auf und beteten – und im nächsten Augenblick war Gottes Nähe über uns, voller Kraft und Heilung.

Aus der Wirbelsäule der Frau kamen langsam knackende Geräusche. Das ging vielleicht zwei Minuten so. Als die Geräusche aufhörten, waren ihre Augen auf der Höhe von meinen. Hoch aufgerichtet stand sie vor uns, ihr S-förmiger Rücken stramm und gerade. Eine schöne Frau mit kastanienbraunem Haar. Ihr Weinen wollte kein Ende nehmen. Gottes Heilung hatte ihre kühnsten Träume übertroffen. Zum ersten Mal in zwanzig Jahren war sie ohne Schmerzen. Wir dankten Gott für dieses Wunder.

Ein anderes Mal beschloss unsere Gemeinde, eine Aktion zum Muttertag durchzuführen. Das Gebetsteam stellte sich vorne auf, und all die alleinerziehenden Mütter, die so oft allein mit ihren Problemen waren, kamen nach vorne und wir beteten für sie. Die Mutter, die zu Elaine und mir trat, war finanziell und seelisch am Ende. Sie hatte drei Kinder und nichts zu essen im Haus. Als wir ihr die Hände auflegten, gab Gott ihr einen überirdischen Frieden – das, was die Bibel den Frieden nennt, der höher ist als alle Vernunft. Es war dieser Bibelvers, der aus unseren Mündern herauskam. Zum ersten Mal seit langer, langer Zeit kam diese Frau innerlich zur Ruhe.

Als wir fertig gebetet hatten, fragten wir sie, was sie brauchte. Sie sagte: „Ich hab nichts mehr zu essen für meine Kinder. Ich kann ihnen nichts geben."

„Doch, das können Sie", antworteten wir. „Wir haben in der Gemeinde eine Lebensmittelausgabe; wir können Ihnen helfen. Was brauchen Sie noch?"

Es wurde ein buchstäblich wunderbarer Muttertag für diese Frau. Sie erlebte ganz praktisch, was Gottes Reich bedeutet. Dieses Erlebnis gab mir noch mehr als dieser Frau. Ich fühlte mich tief von Gott angerührt und erfrischt. Oft frage ich mich, ob die Frauen aus der Christ the King Episcopal Church, die damals unseren Kühlschrank gefüllt hatten, als ich in der Grundschule gewesen war, auch so eine „Himmelskugel" erlebt hatten.

In jenem scheinbar so unspektakulären Augenblick spürte ich: Hier ist etwas, das tief und ewig und durch und durch gut ist; hier ist etwas, das hundertmal größer ist als Elaine oder ich oder diese Mutter oder unsere Gemeinde.

Ich weiß heute, dass dieses Gefühl richtig war. Hier geschah etwas Gewaltiges. Ein Stückchen Himmel brach in das Leben auf dieser Erde herein. Es war so einfach. So leise. So gut.

Heute könnte ich Hunderte einfacher (oder nicht so einfacher) Geschichten wie diese erzählen – Augenblicke, wo Gott auf eine Art wirkte, die sich genauso anfühlte wie dort im Himmel, als ich bei Jesus war. Hunderte. Und jeder dieser Augenblicke war ein Aufleuchten des Herzens Gottes.

Oder, wie ich es nenne, eine „Himmelskugel".

Von 1990 bis 2011 hatte ich außer Alice, Chuck und Elaine keiner Menschenseele von meinem ersten großen Erlebnis im Himmel berichtet. Ich hatte vielen von meiner Wunderheilung erzählt, aber irgendwie hatte ich es nicht fertiggebracht, die Geschichte von meinem Tod, meinem Besuch im Himmel und meiner anschließenden Rückkehr auf die Erde zu erzählen. Diese Geschichte klang so verrückt. Sie klang sogar für mich, der ich sie durchlebt hatte, verrückt! Doch all das änderte sich, als ich 2011 diesen Traum hatte, in welchem ich in meinem Subaru an jener Kreuzung stand. Damals spürte ich, wie Gott mir vorhielt, dass ich den Menschen nur einen Teil der Geschichte erzählte, die ich erzählen sollte. Noch heute kann ich hören, was er mir damals sagte: *Ich kann dich jederzeit zurück nach Hause holen. Ich möchte, dass du endlich deine Geschichte erzählst.*

Kurz nach diesem Traum berief ich ein Familientreffen ein. Meine drei Söhne sowie ihre Partnerinnen kamen. Wir aßen zusammen und ich erzählte meine Geschichte, von Anfang bis Ende. Ich wollte, dass sie endlich verstanden, warum ich so bin, wie ich bin. Ich *musste* es ihnen sagen. Ich hatte ihnen noch nie zuvor davon erzählt, weil ich es nicht für richtig gehalten hatte. Aber ich wusste, dass ich meine Geschichte jetzt einem größeren Publikum erzählen musste, und dafür brauchte ich ihre Erlaubnis und ihren Segen. Alle sechs (vor allem meine drei Söhne) machten mir ohne Wenn und Aber Mut, Gottes Ruf zu folgen.

Und so erzählte ich nach und nach Freunden, meinem Mentor und guten Bekannten, was ich damals erlebt hatte. Die meisten von ihnen fanden, dass ich meine Geschichte veröffentlichen sollte, nicht nur für mich, sondern auch für die Leser. Nicht um Eindruck zu schinden mit dem, was ich erlebt hatte, sondern um anderen Mut zu machen, den Himmel in ihrem Leben zu erleben. Ich war überglücklich, dass die meisten der Menschen, die mir wichtig waren, mich in diesem Projekt unterstützten.

Aber es gab Hemmschwellen, die ich überwinden musste. Die Entscheidung, ein solch persönliches, intimes, heiliges Erlebnis und das, was darauf folgte, der Öffentlichkeit zugänglich zu machen, war nicht einfach. Ich wollte nicht im Mittelpunkt dieser Geschichte stehen, aber weil es meine Geschichte war, konnte sie keine Geschichte über Gott sein, ohne auch eine über mich zu sein. Wenn ich mich dabei nicht persönlich öffnete (was nicht immer einfach war für jemanden, der es jahrelang gewohnt war, sich zu verstecken), würde sie leer bleiben. Ich wusste: Ich musste meine Geschichte erzählen, weil Gott das wollte. Und ich wusste, dass alles Gnade war, ein reines Geschenk Gottes. Ein kleiner Vorgeschmack auf den Himmel.

Meine Lehrjahre waren vorbei. Ich wusste, dass ein neuer Abschnitt meines Lebens mit Gott begann, und ich wollte ihm danken, indem ich ihn anderen schenkte – auch Ihnen. Er wollte, dass ich meine Geschichte erzählte, die Geschichte, die Sie hier lesen. Aber was noch wichtiger ist: Er möchte, dass ich Ihnen zeige, wie auch Sie hier auf der Erde intensiv Gottes Nähe erleben und andere Menschen an ihr teilhaben lassen können. Der Himmel ist viel näher, als Sie denken.

TEIL III

VOM HIMMEL ZUR ERDE

10

Die Einladung

Seit meinem Erlebnis an der sechsspurigen Kreuzung in unserer Nachbarschaft ist mir klar geworden, was es bedeutet, dass ich meine ganze Geschichte erzähle. Es verlangt mir und meinen Lesern einiges ab. Ich freue mich, dass auch Sie dabei sind.

Die Geschichte meines Lebens ist echt stark (ich sage dies in aller Demut, da für alles, was gut darin ist, allein Gott die Ehre gebührt), aber ich glaube, das Beste in diesem Buch kommt noch. Verstehen Sie mich nicht falsch. Mein Zeugnis des wunderbaren Eingreifens Gottes in meinem Leben ist mir sehr, sehr wichtig. Aber es ist mein ehrlicher Glaube, dass die Geschichte und die Botschaft, die ich Ihnen in den vorangegangenen Kapiteln erzählt habe, unvollständig ist ohne das, was auf den nächsten Seiten kommt. Meine Geschichte ist das „Was". Jetzt kommen das „Warum" und das „Wie". Und ich glaube auch, dass es im Leben auf dieser Erde, das noch vor mir liegt, genauso viel, ja vielleicht noch mehr Himmel geben wird als in meiner Vergangenheit.

Aber es kommt noch besser: Ich glaube, das gilt auch für Sie! Ich glaube, Gott will, dass *alle* seine Leute den Himmel schon auf dieser Erde erleben. Er möchte mit seiner Gegenwart und Macht unser ganz normales Alltagsleben ummodeln. Er will, dass seine Liebe zum großen Markenzeichen unseres Lebens wird. Und so will der dritte Teil dieses Buches Ihnen Mut machen, Ihre Lebenstür einer neuen Wahrheit zu öffnen: wie Sie wieder und wieder die Gegenwart eines liebenden Gottes erfahren und ein Stück Himmel hier auf der Erde erleben können.

Wir brauchen das doch so dringend! In unserer heutigen Kultur entspricht das sogenannte normale Leben so überhaupt nicht dem, wie die Dinge sein sollten. Laut der Soziologin Brené Brown ist die gegenwärtige Generation in den USA die am meisten verschuldete, süchtige, Medikamente schluckende und übergewichtige Erwachsenengeneration in der Geschichte der USA.[3] Ich weiß nicht, wie es in Ihrem Land ist. Wie wenige von uns führen ein Leben der Freiheit, der Freude, der Liebe oder des Friedens, und wie wenig entspricht dies dem, was der himmlische Vater uns schenken will!

Wir fühlen uns oft so weit von Gott entfernt. Wir sind Gefangene unserer Sünde und Zerbrochenheit. Wir sind so weit entfernt von dem Leben, das Gott uns geben will – einem Leben in der Nähe von Jesus, sinnvoll und gut. Überlegen Sie einen Augenblick: Haben Sie den Eindruck, dass die Welt um Sie herum in Ordnung ist? Oder ist das Leben irgendwie schief, krank, aus der Bahn geworfen?

Möchten Sie, dass Ihr Leben auf dieser Erde ein Abenteuer in der Gegenwart Gottes wird?

Ja? Dann habe ich eine Neuigkeit für Sie: Das ist möglich. Ich selbst bin der Beweis dafür.

---

3 Vgl. Brené Brown, „The Power of Vulnerability: Subtitles and Transcript", TED: Ideas Worth Spreading, Dezember 2010. www.ted.com/talks/brene_brown_on_vulnerability/transrcipt?language=en.

Als ich 1980 dieses Erlebnis im Restaurant hatte, mit dem Vater und dem Kind, das geschlagen wurde, war es das erste Mal, dass ich den Himmel auf der Erde auf eine so deutliche und tief gehende Weise erlebte. Und diese Nähe von Jesus spürte damals nicht nur ich, sondern auch andere Menschen. Ich merkte ganz deutlich, dass das hier eine Realität war. Es fühlte sich wie der Himmel an.

In jener Szene dämmerte es mir, dass um mich herum etwas vor sich ging, das tiefer war, als ich es für möglich gehalten hatte. Es erinnerte mich so stark an den Ort, wo ich während meines Komas gewesen war. Es erschreckte mich geradezu. Ich musste denken: *Was geht hier vor? Was soll das bedeuten?*

Auf dieses erste Erlebnis in dem Lokal folgten mehrere weitere solcher Augenblicke. Sie kamen nicht oft, aber immer genau dann, wenn ich sie brauchte. Es gab in jenen Jahren meines Lebens viele Augenblicke, die wunderbar und tiefgründig waren, aber nur wenige fühlten sich wie der Himmel an, hatten jene unverwechselbare Atmosphäre der Klarheit, des Sinns und des Gehalten- und Geführtseins von der Liebe und der Freude in Person.

Jetzt wird dein Leben anders werden.

Ich musste wieder an diese Worte denken, die Jesus mir sagte, als wir das zweite Mal dort im Anderen Land unter der Eiche saßen. Mein Leben wurde unter anderem darin anders, dass ich jetzt bewusst nach Gelegenheiten suchte, anderen Menschen die Liebe Gottes zu bringen, die ich in meinem eigenen Leben so stark und so lebendig erfuhr.

In den Jahren, die auf meinen zweiten Besuch im Anderen Land folgten, habe ich gelernt zu erkennen, wie das

Himmelreich in unseren Alltag einbricht. Ich sehe vier Grundmerkmale, an denen man das erkennt, was ich in diesem Buch „Himmelskugeln" nenne. Ich bin mit dem Wort nicht hundertprozentig zufrieden, aber es ist der beste Ausdruck, den ich gefunden habe. Warum? Weil diese Momente der Gegenwart des Himmels auf der Erde, diese Besuche aus der anderen Welt etwas Zartes, Feines sind, wie eine Christbaumkugel. Sie fangen klein an, werden dann größer und sind auf einmal wieder weg, aber sie haben uns verändert. Diese vier Merkmale sind Beschreibungen der tiefen Realität Gottes. Und seit der allerersten intensiven Erfahrung der Nähe von Jesus, die ich erlebte, sind sie geistliche Nahrung für mein Herz.

Der dritte Teil dieses Buches illustriert diese Merkmale mit Geschichten aus dem Leben und allgemeinen Lebensweisheiten. Es ist mein Gebet, dass sie Ihnen helfen mögen, Gottes Wirken in Ihrem Leben zu erkennen und zu unterstützen und so wie ich die Kraft eines im Licht des Himmels gelebten Lebens zu erfahren. Hier sind diese vier Merkmale (und damit die Themen der letzten Kapitel dieses Buches):

1. Die intensive Nähe Gottes kann jeder erleben – auch Sie.
2. Gott ist uns näher, als Sie vielleicht denken.
3. „Himmelskugeln" überraschen uns.
4. „Himmelskugeln" sind Gelegenheiten für das Wirken der Liebe Gottes.

Lesen Sie die folgenden Seiten als Einladung. Sie können auch im Hier und Jetzt Ihres Alltags ein Stückchen Himmel erleben. Der Himmel ist kein Wolkenkuckucksheim, sondern Realität. Er ist das wahre Leben. Er ist das, wofür wir erschaffen wurden.

11

Die intensive Nähe Gottes kann jeder erleben – auch Sie

Nach meiner ersten Begegnung mit einer „Himmelskugel" in dem Restaurant rechnete ich nicht damit, dass der Himmel regelmäßig in mein Alltagsleben einbrechen würde. Der bloße Gedanke war noch zu neu.

Aber im Laufe der Jahre wuchs meine Erwartung dieser Erlebnisse, weil ich immer mehr davon ausging, dass Gott nur darauf wartete, in die Nöte unseres Lebens einzugreifen, um uns Trost, Hilfe, Heilung, Liebe, Schutz, Fürsorge und Ermutigung zu bringen. Ich wollte so gerne Gottes Werkzeug sein, wollte immer wieder neu den Himmel auf der Erde erleben und anderen Menschen helfen, ihn ebenfalls zu erfahren. Ich begann, Gott um die richtigen Augen, die richtige Wahrnehmung zu bitten. Ich betete: *Vater, zeige mir, wo du wirken willst.* Nach und nach fing ich an, solche Situationen zu erwarten und zu spüren, wenn sich eine anbahnte; es war eine Art geistlicher Sinn für die besondere Nähe Gottes.

Und so entwickelte ich in den Jahren nach meiner Heilung eine Antenne für das Wirken Gottes um mich herum.

Langsam, aber sicher, bekam ich ein feineres Ohr für seine Stimme. Mein Engagement in unserer Gemeinde wuchs weiter. In der Vineyard-Bewegung ist jeder Christ ein Mitarbeiter, nicht nur die Pastoren, und dies gab mir Gelegenheiten, für Menschen da zu sein, die geistliche Hilfe brauchten. Ich war sozusagen ständig hellwach.

In der Welt gibt es jede Menge Religion; noch mehr brauchen wir wirklich nicht. Das Reich Gottes wächst nicht durch Religion; was wir brauchen, sind Menschen, die in einer Beziehung zum auferstandenen Christus leben, die in ihrer Situation die Liebe des Heiligen Geistes leben, die der Welt das für sie blutende Herz Gottes zeigen. „Dein Reich komme. Dein Wille geschehe wie im Himmel so auf Erden" (Matthäus 6,10).

Ich glaube, dass die „Himmelskugeln" reale Phänomene sind, in denen die normalen Gesetze von Raum und Zeit unter Umständen wie bei Wundern vorübergehend außer Kraft gesetzt sind. Das Reich Gottes betritt die Bühne und schiebt die Art, wie die Welt normalerweise funktioniert, buchstäblich zur Seite. Der Himmel bricht in unseren Alltag ein, und für einen Augenblick ist alles anders.

Ich glaube, diese „Himmelskugeln" können zum Beispiel so beginnen, dass etwas von dem aufblitzt, was Gott tun möchte. Woraufhin wir auf das, was Gott da tut, antwortend eingehen. Wir werden Gottes Partner, und dies ganz bewusst. Gott baut uns in sein Wirken in dieser Welt.

Ob ich glaube, dass der himmlische Vater auch ganz alleine wirken kann, ohne seine Kinder zu seinen Mitarbeitern zu machen? Absolut; es wäre anmaßend, etwas anderes zu denken. Aber das Wunderbare ist, dass Gott uns das Angebot macht, seine Partner und Mitarbeiter in seinem Werk zu werden. Wir dürfen mit ihm arbeiten. Und wenn wir das tun, geschehen die tollsten Dinge – Dinge, die die Menschen spüren, Dinge, die greifbar und unleugbar sind. Ob die Menschen, die an diesen Situationen teilhaben, an Jesus glauben oder nicht, sie merken, dass hier etwas geschieht, das anders ist. Etwas, das sie anzieht. Sie mögen dieses Etwas, sie hätten gerne noch mehr davon.

Und das ist nicht verwunderlich, denn im Himmel sein, das ist Freude pur, und darauf bekommt man einen Vorgeschmack, wenn sich Jesus dicht neben uns stellt. Egal wer Sie sind oder wo Sie herkommen – dieses Erlebnis wird Sie nicht mehr loslassen. Es ist ansteckend, man vergisst es nie mehr, es ist das, wozu Gott uns erschaffen hat.

Jede besondere Nähe von Jesus ist eine Gelegenheit. Ich bin täglich besser in der Lage, sie zu erkennen, und ich hoffe, auch Sie werden eine Antenne für sie entwickeln. Beginnen können wir damit, indem wir darauf achten, was Gott in unserer Umgebung tut, und bereit sind, uns von ihm gebrauchen zu lassen.

***

Einmal standen wir in unserer Gemeinde nach einem Gottesdienst noch in kleinen Gruppen herum, zu dem, was wir halb scherzhaft das „Nachglühen" nennen, als ich auf der anderen Seite des Saales eine Frau sah, die sich gerade mit einer Freundin unterhielt. Die Frau sah für mich merkwürdig leuchtend aus; sie schimmerte wie von einem überirdischen Licht. Komisch. Ich schaute um mich, ob noch jemand die Frau bemerkt hatte, doch es sah nicht danach aus. Für mich war klar, dass es mit dieser Frau etwas Besonderes auf sich hatte. Das Leuchten als Einladung deutend, ging ich quer durch den Saal zu ihr hin. Als ich noch zwei oder drei Meter von ihr entfernt war, sah ich plötzlich innerhalb des schimmernden Lichtes Striemen, blaue Flecken und andere Spuren von Schlägen und Misshandlungen.

Ich stellte mich vor und begann ein Gespräch mit der Frau. Als ich fand, dass es der richtige Augenblick dazu war, legte ich vorsichtig meine Hand auf ihren Arm. Sofort wanderten wie in Wellen Informationen über diese Frau zu mir – Dinge, auf die ich alleine nie gekommen wäre. Gott schenkte mir auf diese Weise einen Einblick in ihre Situation, und was ich da sah, war nicht gut. Sie lebte in einer Beziehung, in der sie misshandelt wurde.

Gottes Geist stieß mich innerlich an, der Frau von der Gewalt zu erzählen, die ich als Kind selbst erfahren hatte. Meine Stimme war behutsam, aber fest. Ich fühlte zutiefst mit dieser Frau mit. „Was in Ihrer Beziehung vor sich geht, kommt nicht von Gott", sagte ich. „Es ist nicht recht, was man Ihnen antut. Es ist nicht anständig; so etwas darf man nicht machen."

Die Frau sah mich an, sichtlich bewegt.

Ich fuhr fort: „Und es ist nicht Ihre Schuld."

Ihre Freundin war vom Donner gerührt. *Woher wissen Sie das?,* fragte ihr Blick.

Es stellte sich heraus, dass die Frau so gut wie niemandem von den Misshandlungen erzählt hatte, außer der Freundin, die da neben ihr stand. *Das hat Gott mir gezeigt,* dachte ich. Aber noch kannte ich nicht die ganze Geschichte. Ich nahm an, dass sie geschieden war, vielleicht eine alleinerziehende Mutter. Ich musste ihr mit Liebe begegnen in ihrer Situation, ihr Mut zusprechen, herausfinden, was sie am meisten brauchte. Ich wollte ihr so gerne helfen, und so sagte ich schließlich: „Erzählen Sie mir von Ihrer Familie."

Sie schaute an mir vorbei in den Saal, wo ihr Mann stand. Der Mann, der sie so schlug.

„Also, da ist Ted", antwortete sie. Und sie rief: „Schätzchen! Dieser Mann hat eine Botschaft Gottes für dich!"

Ich drehte mich in die Richtung. Puh, das war ja ein Riese! Wahrscheinlich würde der mir gleich die Arme ausreißen und mich anschließend mit ihnen verprügeln, weil ich mit seiner Frau geredet hatte!

Er kam heran und ich bereitete mich innerlich auf eine handgreifliche Auseinandersetzung vor.

Und dann geschah ein stilles Wunder. Als er vielleicht noch knapp zwei Meter von uns entfernt war, veränderte sich seine Miene schlagartig. Ich denke, dass auch ihn die Gegenwart Gottes ergriffen hatte. Bevor ich ein Wort gesagt hatte, stand ihm das schlechte Gewissen auf die Stirn geschrieben. Und mit einem Mut, der nur von Gottes Geist gekommen sein kann, sagte ich dem Mann liebevoll, aber entschlossen, was ich gerade seiner Frau gesagt hatte.

Der Mann begann zu weinen, Tränen der Reue, und ich wusste: Gott hatte angefangen, in seinem Leben zu wirken.

Was aus diesem Paar geworden ist, weiß ich nicht. Ich war ihm nie zuvor begegnet, und ich habe es nach dieser Szene nie mehr gesehen. Das war mehrfach so bei meinen „Himmelskugel"-Erlebnissen.

Ich könnte noch viele ähnliche Geschichten erzählen, wo ein Wink des Heiligen Geistes in Form eines Bildes etwas in Gang setzte, das wahrlich erstaunlich war und ein Stückchen von Gottes Liebe und Gerechtigkeit zu uns auf die Erde brachte. Wo ein sehendes Auge, ein offenes Ohr und die Bereitschaft, mich von Gott gebrauchen zu lassen, die Tür für das Wirken des Himmels öffnete.

Ich habe die Erfahrung gemacht, dass uns Gott oft, aber keineswegs nur in der Gemeinde, so besonders nahe kommt. Einige der beeindruckendsten „Kugeln" habe ich außerhalb der Mauern einer Kirche (oder dessen, was ich als „Kirche" verstand) erlebt. Es ist leichter, sich das Einbrechen des Himmels auf die Erde an einem „geistlichen" Ort wie einer Kirche oder Kapelle vorzustellen, aber ich habe „Himmelskugeln" an den profansten, alltäglichsten Orten erlebt – in Supermärkten und Cafés, Krankenhäusern und Bürogebäuden.

Eines der schönsten Beispiele dafür erlebte ich an einem Ort namens Hope Ranch („Hoffnungsfarm"), in der Nähe von Wichita (Kansas). Die Hope Ranch ist ein Symbol für die Macht der inneren Freiheit, und ihre Leuchtkraft beruht auf dem Kontrast zu der Finsternis, die die Menschen, die dort leben, hinter sich haben.

Die Frauen von der Hope Ranch sind alle ehemalige Opfer des modernen Menschenhandels. Der Handel mit Sexsklavinnen ist ein besonders dunkler und schmutziger „Wirtschaftszweig" in den USA und Europa, der erst seit Kurzem ins Licht der öffentlichen Aufmerksamkeit gekommen ist. Es geht um das große Geschäft mit ausgebeuteten Körpern und zerstörten Leben.

In den USA funktioniert es oft so: Junge Frauen werden gekidnappt, mit Drogen vollgepumpt und als Sexsklavinnen verkauft. Es ist eine der giftigsten Früchte vom Baum der verirrten sexuellen Gier. Diesen sexuellen Menschenhandel findet man heute in jeder größeren Stadt der USA, zum Teil auch schon in Kleinstädten – ein Feind, der mit allen Wassern gewaschen und damit schwer zu bekämpfen ist. Das Geschäft ist lukrativ, und wird einmal ein Besitzer solcher Sexsklavinnen ermittelt, hat er nicht sehr viel zu befürchten.

Diesem System hat die Hope Ranch den Krieg erklärt. Es ist ein Zufluchtsort für ehemalige Sexsklavinnen, wo zerbrochene Existenzen wieder aufgebaut werden. Ein Team von Mitarbeiterinnen – ein paar Profis, die meisten ehrenamtlich – hat einen sicheren Hafen für diese Frauen geschaffen. Einen Ort, der dem Himmel noch näher ist als die Hope Ranch, kann man auf dieser Erde lange suchen. Was der Grund für ihren Erfolg ist. Die Hope Ranch ist ein Ort der reinen Freude, der Geborgenheit und des Friedens für diese Frauen, die endlich frei sein wollen von den Fesseln der Drogen, mit denen sie an ihre Herren gebunden waren. Die Hope-Ranch-Mitarbeiterinnen verstecken sie vor ihren ehemaligen „Besitzern", damit sie Heilung erfahren und hinaustreten können aus den Mauern, die ihr Trauma, ihre Ausbeutung und ihr Sklavendasein geschaffen hatten.

Die Frauen durchlaufen als Erstes eine neunzigtägige Entgiftungskur, die von einer Einrichtung vor Ort organisiert wird. Sobald sie drogenfrei sind, werden sie in Vierergruppen zur Hope Ranch gebracht, wo sie im Laufe von zwei Jahren ihre Gesundheit zurückgewinnen und auf ein normales Leben vorbereitet werden.

Da ihre ehemaligen Besitzer Kriminelle von der besonders brutalen Sorte sind, hat der ganze Prozess Ähnlichkeit mit einem Zeugenschutzprogramm. Diese Frauen bekommen neue Identitäten, ihr Leben kann noch einmal beginnen.

Wer auf das Gelände der Hope Ranch kommt, tritt geradewegs in die Nähe des Himmels ein. Es ist ein Erlebnis, das niemanden kaltlässt. Diese Frauen durchlaufen einen Heilungsprozess, wie er direkter nicht sein könnte.

Die Hope Ranch ist ein Glaubenswerk, das von privaten Spendern, öffentlichen Institutionen und der Polizei unterstützt wird. Es ist eine Partnerschaft zwischen Behörden und Privatpersonen, und sie funktioniert. Ins Leben gerufen wurde die Hope Ranch von Cathy, einer verheirateten Frau in den besten Berufsjahren.

Cathy hat zwei verheiratete Kinder und drei Enkel und ist jederzeit bereit, ihr Smartphone aus der Handtasche zu ziehen und jede Menge Bilder von ihren tollen Kindern und Enkelkindern zu zeigen. Aber bitten Sie sie, etwas über Frauen zu sagen, die Opfer von Menschenhandel geworden sind, und ihre Leidenschaft verdoppelt sich noch. Wie können jemandem Sexsklaven genauso wichtig sein wie die eigene Familie, ja manchmal noch wichtiger? Weil mit der Hope Ranch ein Stück Himmel in diese Welt gekommen ist. Gott hat Cathy seine eigene Liebe für diese so furchtbar ausgebeuteten Frauen gegeben.

Cathy und ihr Mann, mit dem sie seit 31 Jahren verheiratet ist, haben ihre Familie erfolgreich neu definiert. Für sie hängt Verwandtschaft nicht an Blutsbanden, einer Heiratsurkunde oder irgendwelchen Gesetzen. Und so nehmen sie diese Frauen in ihre Familie auf. Was den Frauen den Himmel bringt – ohne dass sie dazu vorher sterben müssten. Warum ist das so? Weil die Macht des Himmels für sie die einzige Möglichkeit zur echten Befreiung aus den Klauen ihrer Peiniger ist.

Aber es ist nicht einfach. Absolut nicht. Heilung kann wehtun. Manchmal muss sie wehtun, um echt zu sein.

Wenn wir unseren Schutzpanzer ablegen, werden wir schmerzempfindlicher. Aber die richtige Medizin für Schmerzen sind nicht Betäubungsmittel, sondern die Berührung durch die heilende Hand Gottes. Sie ist das Heilmittel aus Gottes eigenem Kräutergarten; wir brauchen es uns nicht selbst zusammenzumischen. Es ist echt und es wirkt. Der himmlische Vater benutzt ausgerechnet den Schmerz, vor dem wir solche Angst haben, um uns gesund und neu zu machen.

Es ist vielleicht kein perfektes Bild, aber ich muss hier an einen Schmetterling denken. Wir dürfen nicht in unserem Kokon bleiben, wo wir gut geschützt, aber auch eingekapselt und unfertig sind, sondern müssen ihn verlassen, wie der Schmetterling seinen Kokon verlässt. Dieser Häutungsprozess macht uns sensibel für die Welt um uns herum. Wir stecken nicht mehr in dem Schutzpanzer, den wir uns angefertigt hatten; jetzt sind wir frei, jetzt können wir unsere Flügel ausbreiten und losfliegen. Jetzt können wir die Sonne spüren, die Gegenwart des himmlischen Vaters.

Solange wir in unseren Schutzhüllen bleiben, halten wir all das Gepäck und den Ballast unseres Lebens fest – unsere Wunden, unseren Schmerz, unsere Bitterkeit, unsere Sünden. Wenn wir aus diesen Hüllen ausbrechen, können wir besser mit diesen Dingen fertigwerden. Wir können sie leichter an unseren himmlischen Vater abgeben, sodass er anfangen kann, uns zu reinigen. Das Ganze ist so ähnlich, als würden wir Gott erlauben, uns umzustülpen, sodass unser Herz nicht mehr tief drinnen und versteckt ist, sondern außen, wo es zum Motor unserer Beziehungen wird.

Man könnte ganze Bibliotheken schreiben über das emotionale Gepäck, mit dem wir uns unnötig belasten. Gott möchte, dass das aufhört. Indem wir ihn an uns heranlassen, geben wir ihm die Möglichkeit, uns unsere Lasten abzunehmen. Er hat auch meine weggenommen. Glauben Sie mir, ich kenne mich damit aus: Es gibt tausend Dinge, die wir mit uns herumschleppen, obwohl das gar nicht nötig ist. Wir müssen uns nicht länger von ihnen beherrschen lassen! Dies ist ein sehr befreiender Prozess. Es ist so ähnlich, als wenn man tagelang in einem überheizten, stickigen Zimmer eingesperrt war und endlich hinaus an die frische Luft kann.

Wir sollten uns auch frei machen von kulturellen Normen, die uns daran hindern, unsere tiefsten Gefühle offen und ehrlich auszudrücken. Wo Tränen nötig sind, sollten wir sie fließen lassen. Wenn aus einem heiligen Herzen Lachen hervorsprudelt, ist es nicht in Gottes Sinn, dass wir es unterdrücken. Es ist gesund, diese Gefühle zu haben und auszudrücken. Bei mir ist das erste Anzeichen dafür, dass ich bald die besondere Nähe des Vaters erleben werde, meistens, dass ich ein ungewöhnlich tiefes Mitleid mit einem Menschen spüre.

„Umgestülpt" zu leben, mit dem Herzen nach außen, erfordert anfangs Disziplin und Willenskraft. Wir müssen uns bewusst für Gottes Stimme und Führung öffnen, auch wenn dies nicht immer bequem oder angenehm ist. Aber mit der Zeit geht es uns in Fleisch und Blut über.

Man sagt, dass dies Frauen leichter fällt als Männern. Wie auch immer: Es ist unbedingt wichtig, dass wir darauf achtgeben, was auf der Gefühlsebene in uns vorgeht. Das macht es uns einfacher zu spüren, was Gott gerade um uns herum tut. Ein sensibler Mensch tut sich leichter, sich Gott zur Verfügung zu stellen. Wann sind Sie das letzte Mal von Gefühlen überwältigt gewesen? Wie war das damals? Versuchen Sie, sich zu erinnern. Vielleicht waren Sie damals so nahe daran, den Himmel zu spüren, wie noch nie zuvor. In unserer Kultur tun wir uns schwer mit Gefühlserlebnissen, aber ich fordere Sie auf: Öffnen Sie sich für sie. Denken Sie über sie nach. Für das nächste Mal. Leben Sie mit einem offenen Herzen, denn der Vater spricht auch durch unsere Gefühle.

Ich habe die Erfahrung gemacht: Wenn die nächste Erfahrung einer tiefen Nähe Gottes kommen will, spüre ich gewisse Dinge intensiver, als das normal ist. In einer solchen Situation hat Gott exakt an diesem Punkt zu arbeiten begonnen. Das ist etwas Großartiges!

Ich glaube, dass wir dies bewusst einüben können, sodass wir immer besser und tiefer mit anderen Menschen mitfühlen. So vielen Dingen in unserem Leben stehen wir mit einem „Da kann man halt nichts machen" gegenüber. Es ist eine Position der Kraftlosigkeit und ich glaube, dass sie letztlich vom Teufel kommt. Die Gegenposition lautet: „Jetzt bin ich gefordert!" Wir müssen aktiv werden. Es gilt, zu fühlen und dann zu handeln.

Jesus hat tiefes Mitleid, wenn er einen Menschen in Not sieht. Der Jesus der Evangelien kann weinen, und auch heute ist ihm das Elend in der Welt nicht egal. Es sollte auch uns nicht egal sein. Die Sprache des Himmels ist die Liebe. Echte, wahre, ehrliche Liebe. Liebe, die anpackt, um Schmerz und Verlust zu heilen und wiedergutzumachen. Liebe, die den anderen an sich zieht und mit ihm geht. Christus, das ist Gottvater, der seinen Arm um die Elenden und Zerbrochenen legt, und auf dieser Erde tut er das durch seine Leute. Aber liegen uns die Menschen genauso am Herzen wie ihm?

In einer Kultur, die größten Wert darauf legt, den anderen ja nicht zu nah an sich herankommen zu lassen, haben viele von uns die Fähigkeit verloren, den Abstand zum Mitmenschen durch einfache, angemessene Gesten zu überbrücken. Gott kann unerhörte Wirkungen durch Berührungen und persönliche Nähe erzielen. Diese Nähe ist das, was mir aus meinem Besuch im Anderen Land mit am stärksten in

Erinnerung geblieben ist, und ich spüre sie jedes Mal, wenn Gott mir besonders nahekommt. Stellen Sie sich körperliche Nähe ohne die Ängste, Unsicherheiten und kulturellen Konventionen vor, die sich im Laufe der Jahrhunderte an unsere Vorstellungen über Berührung und Nähe geheftet haben. Führen Sie sich vor Augen, wie schön es ist, mit einem lieben Menschen zusammen zu sein, bei dem wir in Sicherheit sind – jemandem, der uns beschenkt und wertschätzt, ohne eine Gegenleistung zu erwarten. Das ist das Berührungserlebnis in der Nähe Gottes.

Ich bin sehr vorsichtig mit Berührungen. Man kann sie auf hundert Arten missverstehen. Aber es gibt Augenblicke, wo die liebevolle Berührung des Vaters, durch Ihre oder meine Hand, genau das ist, was eines seiner Kinder in dieser bestimmten Situation braucht.

Wer lernen will, die „Himmelskugeln" zu sehen und zu ergreifen, der muss lernen, „auf dem Kopf" zu leben. Das Reich Gottes stellt das, was die Welt tut und schätzt, in vieler Hinsicht auf den Kopf. Gottes Wege sind voll von Paradoxen, und wenn wir diese Wege gehen, werden wir seine Partner in diesen Paradoxen.

Die Ökonomie des Himmelreiches stellt die irdische auf den Kopf: Geben ist besser als Nehmen, der Tod kann Leben bringen, während das Leben, wie die Welt es versteht, tödlich sein kann, Verlust kann Gewinn sein und Gewinn Verlust. Die alltäglichsten Dinge und Verrichtungen können in Gottes Reich ganz anders aussehen. In unserer Kultur herrscht die große Vereinzelung. Wir isolieren uns auf tausend Weisen, spinnen uns jeder in seinen Kokon ein. Wenn die Situation es erfordert, müssen Gottes Leute fähig sein, die kulturellen Schranken, die die Menschen trennen, niederzureißen.

Vielen von uns ist ihre eigene Gefühlswelt peinlich. Vielleicht haben wir noch nie darüber nachgedacht, wie Gott unsere Gefühle in unserem Leben oder im Leben unserer Mitmenschen gebrauchen kann. Es dauerte einige Zeit, bis ich mich hier änderte und die Unterdrückung meiner Gefühle, die ich als Kind gelernt hatte, ablegte. Mein großes Erlebnis im Himmel sowie die immer neuen Erfahrungen von Gottes Nähe haben mich emotional für immer verändert. Ich muss nicht mehr ständig auf der Hut vor meinen Gefühlen sein. Ich brauche den Schutzpanzer um mein Herz nicht mehr.

Und ich bin nicht der Einzige, dem es so geht. Wir sollten Gott darum bitten, uns immer wieder emotional sensibel und offen zu machen, wenn sich uns eine Gelegenheit bietet, seine Liebe zu erfahren und weiterzugeben. Ich glaube, wir alle kennen dieses Gefühl – dieses sachte, aber hartnäckige Ziehen und Drücken in unserem Inneren, so, als ob jemand uns in die Seele kneift. Die meisten von uns versuchen, es nicht zu beachten – und wissen nicht, was sie damit verpassen.

Es könnte sein, dass wir ein Stückchen Himmel verpassen.

Wir sollten Gott bitten, uns ein Gespür für Umstände und Situationen, für die Menschen und ihre Nöte zu geben. Bitten wir ihn darum, uns jenes Präsentsein im Hier und Jetzt zu schenken, das typisch für den Himmel, aber in einer Welt der Zerstreuung so schwer zu erreichen ist. Bitten wir ihn um die Fähigkeit zu fühlen, was andere fühlen, auf eine Wellenlänge mit ihrer Seele zu gehen, so wie Gott selbst das tut.

Wenn wir lernen, um diese Dinge zu bitten, und wenn Gott sie uns dann schenkt (meist langsam), entwickeln wir gewisse Eigenschaften, die an Jesus erinnern. Wir fangen an, die Früchte des Geistes zu bringen – Liebe, Freude, Friede, Geduld, Freundlichkeit, Güte, Sanftmut, Treue und Selbstbeherrschung. Wir fangen an, mit einer stillen Kraft unseren Weg zu gehen, die ein kleiner Vorgeschmack auf den Himmel ist. Unsere Perspektive wird breiter, unser Glaube tiefer, unser Herz kräftiger.

Solch ein Mitarbeiter Gottes und des Himmels zu werden, ist nichts, was man einfach so beschließen und aus eigener Kraft anfangen kann. Es ist nicht wie ein neues Outfit, eine Identität, die man anziehen oder ablegen kann. Wir greifen nicht Gott unter die Arme, sondern *er* gibt *uns* Nahrung und Kraft.

Fangen wir damit an, uns jeden Tag neu Gott als seine Diener zur Verfügung zu stellen. Treten wir vor den Vater und sagen wir: „Hier bin ich! Gebrauche mich!" Etwas Schöneres kann man gar nicht tun, und wenn wir uns darauf einlassen, beginnt das größte Abenteuer unseres Lebens. Ich sage dies in aller Demut, nicht, um anzugeben. Ich möchte Ihnen einfach Mut machen, in Gottes Hand einzuschlagen. Begleiten Sie mich auf dem Weg des Himmels hier auf der Erde. Sie können Nein sagen; aber bitte tun Sie es nicht! Auf uns warten Reichtümer, die wir bisher noch kaum wahrgenommen haben. Und sie stehen uns allen offen.

12

Gott ist uns näher, als Sie vielleicht denken

In einer frühen Phase seines öffentlichen Wirkens sandte Jesus 72 seiner Jünger aus, um zu predigen, zu heilen und allgemein die Dinge zu tun, die er auch selbst tat (Lukas 10,1-12). Sie sollten Kranke heilen, Dämonen austreiben und den Menschen ganz praktisch das Reich Gottes, das sie da predigten, demonstrieren. Ihre Botschaft? „Das Reich Gottes ist zu euch gekommen" (Vers 9).

Da steht es in der Bibel! Das Himmelreich ist uns viel näher, als wir gedacht und gehört haben. Wir brauchen nur die Tür zu öffnen und es kommt in unser Leben herein. Worauf unser Leben buchstäblich eine neue Qualität bekommt. Mein Erlebnis im Anderen Land hat mich für immer verändert. Jedes Mal, wenn ich Luft hole, ohne darüber nachdenken zu müssen, bekomme ich ein Geschenk. Zehn Jahre lang behindert zu sein – und dann auf einmal nicht mehr – das ist ein Wunder! Jawohl, das Reich Gottes ist zu mir gekommen!

Und es kommt noch viel besser: Wir reden hier nicht über total abgehobene Dinge, die alle paar Jahre einmal passieren; wir reden über die Normalität. Bei Gott ist viel mehr normal, als wir denken.

Wie können wir das erfahren? Es ist einfach und doch nicht einfach. Wir erfahren es in Situationen, in denen wir merken, dass das Reich Gottes nahe ist – und indem wir daraufhin die Tür öffnen. Nicht damit wir hinausgehen können, sondern damit das Reich zu uns hereinkann. Das Ziel unserer Glaubensreise ist nicht nur, dass wir irgendwann im Anderen Land, dem Himmel, ankommen, sondern dass der Gott des Anderen Landes den Himmel in unser Leben hier und jetzt hineinbringt.

Hier und jetzt. Heute.

Wie reagieren Sie darauf? Wenn die Menschen in Ihrer Umgebung ein Stückchen Himmel erlebten, was würde das mit Ihrem Leben machen?

Würde es die Art, wie Sie sich zu ihnen verhalten, ändern? Die Art, wie Sie reagieren? Wäre das Leben anders?

Glauben Sie, dass *Ihr* Leben anders werden kann?

Ich weiß, dass es anders werden kann.

Ich glaube, dass mein Leben sich heute erneut an einer Weggabelung, einem Wendepunkt befindet. Ich habe den starken Eindruck, dass ich vor einem Lebensabschnitt stehe, der anders sein wird als die bisherigen. Anders und gut. Echt gut. Heute begreife ich, warum ich immer noch da bin. Ich verstehe, warum ich nicht im Himmel bleiben konnte. Ich begreife meine Heilung nach zehn Jahren Körperbehinderung und warum alles anders geworden ist.

Beim Nachdenken über mein Leben bin ich zu dem Schluss gekommen, dass Gott mich jederzeit, einfach so, nach Hause holen könnte, in der Zeit, die es braucht, um einmal mit den Fingern zu schnippen. Ich bin bereit zu gehen. Es wäre nicht leicht für die Menschen, die ich zu-

rücklassen würde, aber ich wäre wieder in der seligen Zwei-
samkeit mit Jesus und könnte ihm ins Gesicht schauen, wie
man hier unten einen Freund anschaut. Aber ich glaube
nicht, dass das Gottes Wille ist.

Warum ich noch hier bin? Ganz einfach: Meine Aufgabe
und Berufung für den Rest meines irdischen Lebens ist es,
den Menschen zu sagen, dass das Reich Gottes näher ist, als
wir denken. Nein, es ist noch nicht der endgültige Himmel,
aber es ist nahe, und das genügt erst einmal, bis zu der Zeit,
wo wir für immer in den Himmel kommen oder wo Jesus
zurückkommt, um sein Königreich auf der Erde zu errich-
ten. Das ist doch eine gute Nachricht, oder?

Ich tue, was ich kann, um Gott nahe zu sein, aber seine
Gegenwart ist immer reine Gnade. Ein Geschenk. Etwas,
über das wir nicht verfügen können.

Es ist wie in einer alten theologischen Weisheit: Das
Reich Gottes ist schon jetzt da und noch nicht ganz gekommen. Es ist ein Paradox. Da, aber noch nicht ganz. Gegenwärtig, aber noch zukünftig. Ich sehe das jeden Tag. In
meiner Welt ist es ein Echo dessen, was ich persönlich im
Himmel erlebt habe. Es ist noch nicht vollkommen, aber es
ist echt. Und das soll für jetzt genügen.

Ich stehe mit einem Fuß im Himmel und mit dem anderen auf der Erde. Einerseits bin ich jederzeit bereit, ja kann
es kaum erwarten, zurück in den Himmel zu gehen. Doch
gleichzeitig bin ich hier auf der Erde. Hier kenne ich Gott.
Hier diene ich Jesus. Wenn ich nur noch daran denke, was
nach dem Tod kommt, lenkt mich das von meinem Auftrag
hier in diesem Leben ab. Es hindert mich daran, hier und
jetzt zu lieben. Wenn wir den Himmel nur im Jenseits sehen, kann uns das daran hindern, ihn hier und jetzt schon
zu erleben.

Ich bin jederzeit bereit, wieder durch den weißen Tunnel zu fliegen, wieder Jesu Umarmung zu spüren und nie mehr von seiner Seite zu weichen. Aber ich bin hier auf der Erde noch nicht fertig, und es kann gut Gottes Wille sein, dass ich noch eine Weile hierbleibe. Mit dieser Spannung kann ich erst einmal leben.

Himmlisches Leben auf der Erde – das heißt, den Himmel auf der Erde leben, und das macht dieses Leben (trotz all dem Schmerz und grauen Einerlei, die es im Anderen Land nicht gibt) himmlisch. Es ist kein Gefängnis mehr, sondern die Freiheit in Christus. Wie Paulus sagt: „Denn Christus ist mein Leben, und Sterben ist mein Gewinn" (Philipper 1,21).

Das Wichtigste für uns Verlorene hier auf der Erde ist, dass wir von dem Gott gefunden werden, der uns sucht. Tief drinnen wollen wir von Christus gefunden werden. Wir sehnen uns danach, dass Jesus seinen Arm um uns legt, uns anschaut, zu uns redet. Wir wollen in ihm gefunden werden. Es gibt nichts Schöneres für uns Menschen, alles andere verblasst dagegen. Jeder Mensch auf dieser Erde befindet sich auf dem gleichen Spielfeld, seine Reichtümer und Privilegien zählen nicht. Alle sind sie verloren, und alle sehnen sie sich danach, wiedergefunden zu werden.

Die Gesetze, die das himmlische Leben auf der Erde bestimmen, sind für alle Menschen die gleichen, aber ihre konkrete Umsetzung sieht bei jedem Menschen ein wenig anders aus. Ich mag gewisse Vorstellungen darüber haben, wie das Ausleben der persönlichen Berufung in Ihrer Gemeinde aussehen sollte, aber meine Meinung ist eben nur eine Meinung. Ihr Leben ist *Ihr* Leben, und Gott selbst wird Ihnen zeigen, wie Sie es am besten leben.

In all dem versuchen wir schlicht zu sehen, was unser

himmlischer Vater tut. Es gibt hier kein Patentrezept, weil es kein Patentrezept für Beziehungen gibt. Wir versuchen, unser Herz auf das Herz Gottes auszurichten, unsere Gefühle auf seine Gefühle, unsere Möglichkeiten auf seine, unser Wissen auf seines. Wir bieten uns ihm als seine Diener an in einer Welt, die ihn so bitter nötig braucht. Auf hundert einfache, praktische, greifbare Weisen stellen wir uns Gott als Arbeiter zur Verfügung, die Jesus bei seiner Reichsgottesarbeit helfen. Die helfen, unserer Welt den Himmel zu bringen.

Ich glaube, wir gehen in unserem Alltag an gewaltigen Gelegenheiten vorbei, ohne sie zu erkennen. Das liegt zum Teil daran, dass wir dazu neigen, fein säuberlich zwischen dcm Bereich des Geistlichen und dem des Physischen zu unterscheiden. Diese Unterschiede kommen uns mordswichtig vor – Gott nicht; er wirkt in beiden Bereichen und gerade damit überschreitet er ihre Grenzen.

Ich glaube, wir haben diese Gelegenheiten immer wieder, aber wir sehen sie nicht oder beachten sie nicht. Vielleicht behindern unsere kulturellen Normen unsere Sicht, oder dass Gott ausgerechnet durch uns wirken will. Das Endergebnis ist, dass wir mit einer verdünnten Version des christlichen Glaubens leben. Wir sind wie mit Wasser verdünnter Wein – immer noch Wein, aber schwach.

Und in dieser Situation flüstert uns der Vater zu: „Komm zurück. Zurück zum Original, zu dem, wie es ursprünglich gedacht war." Auf der Landstraße nach Emmaus begegnete der auferstandene Jesus zwei Jüngern; sie erkannten ihn nicht, bis er ihnen die Augen öffnete (Lukas 24,13-32). Wir alle brauchen so ein Emmaus-Erlebnis. Wir brauchen es sogar oft. Warum passiert es dann so selten? Warum lernen wir es nicht, Jesus dort zu sehen, wo wir nicht mit ihm gerechnet hatten?

Zum Teil liegt das daran, dass uns die kulturellen Normen, mit denen wir aufgewachsen sind, daran hindern. Zum Beispiel das Prinzip, dass unser Privatleben niemanden etwas angeht. Misch dich nicht in meine Angelegenheiten ein, dann mische ich mich auch nicht in deine ein ... Wir möchten niemandem zu nahe treten, und wenn wir es doch tun, ist uns das peinlich und dem anderen auch – zumindest anfangs.

Doch es gibt Situationen, wo sich eine Tür öffnet und wo es dann das Richtige ist, durch sie hindurchzugehen, weil der andere uns braucht. Es ist in Ordnung, Normen zu durchbrechen, wenn dies behutsam geschieht und wir dem anderen unsere Liebe entgegenbringen wollen.

Eine weitere große Hürde sind der Materialismus und die Gier in unserer westlichen Gesellschaft. „Nimm dir, was du kriegen kannst", heißt es, „und dann sieh zu, dass es dir keiner wegnimmt." Auch dies ist eine kulturelle Norm. Wir sind eine Gesellschaft von Eichhörnchen und Geizhälsen. Wir verbringen unser Leben damit, Dinge anzuhäufen – das genaue Gegenteil von dem, was Gott will. Denken Sie einmal einen Augenblick über den folgenden Bibelvers nach: „Er (Gott) hat die Macht, euch mit all seiner Gnade zu überschütten, damit ihr in jeder Hinsicht und zu jeder Zeit alles habt, was ihr zum Leben braucht, und damit ihr sogar noch auf die verschiedenste Weise Gutes tun könnt" (2. Korinther 9,8). Die Überschüsse, die Gott uns gibt, sind dazu da, dass wir mit ihnen die Defizite anderer Menschen reduzieren. Es gilt, die Not unseres Nächsten zu erkennen und sie bereitwillig mit den Mitteln zu lindern, die Gott uns anvertraut hat. Jesus nachzufolgen macht großzügig.

Armut bedeutet im Reich Gottes nicht, dass man etwas nicht hat, sondern dass man es festhalten will. Wirklich arm ist, wer das, was er schenken sollte, gierig für sich behält. Was würde wohl der himmlische Vater tun, wenn Sie das Schenken einüben und seinem Sohn so nachfolgen würden – und das bewusst und mit ganzem Ernst? Wie sähe Ihr Leben aus?

Im Licht des Himmels leben – wie sieht das in Ihrer Welt konkret aus? Wie tritt Gott in Ihr Leben? Genau sagen kann ich Ihnen das nicht, aber wenn wir uns zu einem Kaffee träfen, hätte ich vielleicht ein paar Ideen. Dies ist ein Weg, den jeder von uns selbst gehen muss, indem er die Wege in seinem eigenen Glaubensalltag entdeckt, wie Gott arbeitet. Es geht darum, hier auf der Erde den Himmel praktisch werden zu lassen. Wie stellen Sie sich das vor? Wie soll das geschehen? Wie werden Sie heute ganz konkret das Wirken des Vaters erkennen und sein Mitarbeiter werden?

Der beste Rat, den ich Ihnen geben kann, wenn Sie so leben wollen, lautet: Laden Sie den himmlischen Vater ganz bewusst in Ihr Leben ein! All die Zeit, die Sie Gott geben möchten, wird er gerne nutzen; den Raum, den Sie ihm anbieten, bereitwillig einnehmen. Wann immer Sie ihn einladen, er wird kommen.

Laden Sie ihn in alle Bereiche Ihres Lebens ein. Wachen und schlafen, denken und träumen Sie mit ihm. Folgen Sie ihm, wohin er Sie führt.

Seien Sie offen für Gottes Stimme. Gott redet auf hundert Arten zu uns, unter anderem durch Träume, Gefühle und das Lesen der Bibel. Der Weg des Glaubens ist ein Leben, keine Formel. Im Laufe der Zeit werden Sie einen Punkt erreichen, wo Sie anfangen, das zu fühlen, was der Vater fühlt. Sie werden erleben, wie Situationen Sie tief berühren – mit Freude, Leid, Trauer, Schmerz und Einsamkeit.

Nicht immer, wenn der Himmel auf die Erde kommt, ist

dies ein Wunder oder etwas Übernatürliches. Viele dieser Situationen sind (scheinbar) ganz alltäglich. Aber die Gefühle, die sie bringen – die „Himmelskugelgefühle" – sind genauso so stark, als ob es Wunder wären.

Sie haben meine Geschichte gelesen. Ich bin der Junge, der sich immer versteckte und unsichtbar machte. Stellen Sie sich einen Augenblick vor, Sie wären ich. Ich bin ein typischer introvertierter Mensch. Die meisten Dinge, die mich geprägt haben (von meiner frühen Kindheit bis zum Beginn meiner zehn Erwachsenenjahre als Schwerbehinderter), gingen in die Richtung der Anpassung, sie ließen mich danach streben, unauffällig zu sein. In Ruhe gelassen zu werden, ja nicht aufzufallen … Tief im Innern wollte ich beachtet werden, sehr sogar, aber das Leben war einfacher, wenn niemand Notiz von mir nahm.

Falls Sie mich für einen extrovertierten Jesus-Supermann halten, liegen Sie falsch. Ich bin eher ein stiller Typ. Ich muss mich jedes Mal überwinden, wenn ich auf Menschen zugehe oder meinen Mund aufmache. Ich muss meinen grünen Bereich verlassen, um in Gottes grünen Bereich einzutreten. Aber Gott gibt mir die Kraft dazu. Und den Antrieb, der mir gar keine andere Wahl lässt.

Was treibt mich an? Wir leben in einer gefallenen Welt. Jesus hat uns zwar am Kreuz erlöst, aber die Welt, wie wir sie erleben, ist nach wie vor gefallen. Schauen Sie sich nur einmal um: Dies ist definitiv noch nicht der Himmel. Aber es könnte der Himmel werden. Es gibt Momente, wo die schiere Größe der Probleme und des Elends der Welt mich überwältigt. Aber egal, wie hoffnungslos unser Leben in dieser gefallenen Welt sich anfühlt, Gott bietet uns die Hoffnung des Himmels an. Hier. Heute. Und er bietet diese Hoffnung durch uns an. In 1. Korinther 9,22 schreibt

Paulus: „Allen bin ich alles geworden, um auf jeden Fall einige zu retten." Das wichtige Wort ist hier „einige". Wir mögen nicht allen helfen können, aber wenn wir ein Auge für die bekommen, denen wir helfen können, liegen die Gelegenheiten, bei denen Gott durch uns wirken kann, direkt vor unserer Nase.

Zurück zum Stichwort „Erwartungen". Es ist so einfach und doch so wichtig, wie die Bassgeigen in einer Sinfonie. Warum erwarten wir nicht Gottes Nähe? Ich habe mir diese Frage wieder und wieder gestellt. Bei ihrer Beantwortung muss ich vorsichtig sein, um nicht womöglich arrogant zu klingen.

Ich glaube, wir erwarten sie nicht, weil unsere Vorstellungen von dem, was „normal" ist, und die religiösen Traditionen, in denen wir groß geworden sind, uns das nicht erlauben. Es gibt die von wohlmeinenden Theologen vertretene Überzeugung, dass es Zeichen und Wunder Gottes „damals", zu biblischen Zeiten, gab, aber doch, bitte sehr, nicht mehr heute. Mit dem Ergebnis, dass wir einen Teil unserer Fähigkeit, Salz und Licht der Erde zu sein und der Welt Gottes Wahrheit und Macht zu bezeugen, verloren haben. Viele von uns haben sich mit einem faden Christenleben in einer farblosen Welt abgefunden.

Was ist ein fades Christenleben? Eines, das nicht damit rechnet, dass Gott hier und heute auf eine Art wirken kann, die unseren Verstand und unsere Erfahrung übersteigt. Eines, das nicht erwartet, dass Gott den Himmel auf die Erde bringt. Und wenn wir doch einmal ein Eingreifen Gottes erleben, mit dem wir nicht gerechnet hatten, versuchen viele von uns glatt, es als unecht oder Teufelsblendwerk abzutun. Was dem Teufel gerade recht ist. Der große Betrüger versucht das, was unbestreitbar real ist, als Einbildung hinzustellen.

Für den, der sich mit Gottes Nähe nicht auskennt, ist es sehr schwer, sie zu erkennen, wenn er sie das erste Mal erlebt. Meistens ist es so einfach und unscheinbar wie so vieles, was Gott tut.

Ein anderer Grund dafür, dass unser Leben als Christen so grau und fad ist, ist die marktorientierte Medienwelt, die uns umgibt, in der nicht das zählt, was wichtig, sondern was sensationell ist. Dies ist eine allgegenwärtige und immer stärker werdende Tendenz in der westlichen Kultur des digitalen Zeitalters. „Gewalt bringt die besten Einschaltquoten", heißt es manchmal. Wohl wahr. Und wie ein Gang ins Kino oder ein Besuch in den sozialen Medien zeigt, gilt diese Devise mitnichten nur für den Nachrichtensektor. Unerhörtes, Skandale, Extreme, Provokationen fesseln unser Interesse. Es ist ein Zerrbild der mächtigen Sinneseindrücke des Himmels, auf die unsere Seele eigentlich gepolt ist. Der Unterschied liegt darin: Was wir im Himmel erleben und aufnehmen, gibt uns festen Boden unter den Füßen und lässt uns ganz im Augenblick leben, während unsere falschen Medienprioritäten genau das Gegenteil bewirken: Sie lenken uns ab vom Hier und Jetzt und fördern Flucht und Abstumpfung.

Weil dies so ist, nehmen wir das stille Wirken Gottes nicht mehr wahr. Seine Wunder gehen leise an uns vorbei. Weil sie so praktisch sind, so einfach, so alltäglich, so wenig sensationell. Aber nur wenn wir in diesen kleinen Dingen auf Gott hören, wird er uns auch größere schenken. Unsere Kultur hat uns sensationssüchtig gemacht – aber so arbeitet Gott nicht.

Was können wir hier machen? Zunächst einmal uns Gott

als Mitarbeiter zur Verfügung stellen in dem Projekt, den Himmel auf die Erde zu holen. Denken Sie an die kleinen Dinge. Beginnen Sie dort. Für Gott sind sie nicht klein. Der Vater nimmt jeden Spatzen wahr, der auf die Erde fällt. Wer weiß, wie wichtig es ihm womöglich ist, wenn wir im Winter die Vögel füttern? Wer weiß, was er mit den ganz einfachen Dingen macht, die wir unter seinen Willen stellen? Rechnen Sie damit, dass Gott handelt. Stellen Sie sich ihm zur Verfügung. Warten Sie ab, was er tun wird.

„Dann geh und mach es ebenso!", sagte Jesus dem Gesetzeslehrer, dem er gerade das Gleichnis vom barmherzigen Samariter erzählt hatte (Lukas 10,37). Oder nach der Lutherbibel: „So geh und tu desgleichen" (Lukas 10,37). Das können Sie auch! „Mach es!", lautet die Aufforderung. Wir sollen es nicht machen, um etwas dafür zu bekommen. Wir machen es, egal, was dann passiert. Wir gehorchen, ohne darauf zu spekulieren, was uns das „bringt". Gott ist imstande, eine Million Dollar durch unsere Hände gehen zu lassen, wenn wir keine klebrigen Finger haben.

Wenn wir mit dieser selbstlosen Einstellung eine Gelegenheit beim Schopf packen, lächelt unser himmlischer Vater. Und wenn er lächelt, kommt er uns nahe. Wir können nicht die Nähe des Vaters erleben, ohne dass uns dies verändert. Wir werden nicht mehr die Gleichen sein.

In seinem Gespräch mit mir kam Jesus auf so viele Ereignisse meines Lebens zu sprechen, die für ihn wichtig waren, aber die ich überhaupt nicht beachtet hatte. Viele Dinge, Begegnungen, Worte, Gespräche erscheinen uns klein, weil sie uns zu nah sind. Wir haben nicht die Perspektive Gottes. Tatsache ist, dass wir (in diesem irdischen Leben) womöglich nie wissen werden, welche Augenblicke, Worte oder Entscheidungen in unserem Leben die wichtigsten waren.

Wir werden vielleicht nie erfahren, wie wir das Leben eines anderen Menschen positiv oder negativ beeinflusst haben, nie die Auswirkungen (ob direkt oder allmählich) unserer Handlungen wahrnehmen. Gott möchte uns hier und jetzt als seine Mitarbeiter haben, damit das, was wir tun, zählt. Wir mögen nicht wissen, wie wir den anderen so lieben können, wie er es braucht, aber Gott weiß es, und wenn wir ihn lassen, wird er uns leiten und gebrauchen. Wenn wir das sehen und uns über die üblichen Erwartungen an das Leben erheben, wird unser Leben für immer anders werden.

Ein Leben, das damit rechnet, dass Gott durch uns wirken wird, sein Handeln wahrnimmt und sein Teilhaber wird – noch besser kann es auf dieser Seite des Himmels nicht werden; das kann ich bezeugen. Die Lügen unseres Herzens und unserer Kultur haben alle eines gemeinsam: Sie wollen uns davon abhalten, mit Gott zu gehen. Geld, Versuchung, Behaglichkeit, Luxus – die Lügenliste ist lang. Doch alle diese Lügen schrumpfen zusammen und fliegen fort wie die Spreu im Wind, wenn wir sie mit der Freude und Herrlichkeit eines Lebens in der Gegenwart Gottes vergleichen. Ein solches Leben ist ein Vorgeschmack auf den Himmel. Es ist wie die Vorschau auf einen Film, in dem wir am liebsten mitspielen möchten. Unser irdisches Leben ist ja eine Vorschau der kommenden Freuden des Himmels, und wenn wir einst in den Himmel kommen, werden wir staunen über das, was wir alles auf der Erde erlebt haben, und denken: *Mensch, das kenne ich doch!*

Glauben Sie mir: All dies ist eine Realität. Es ist da, hier und jetzt, und wartet auf Sie. Es ist viel näher, als Sie denken.

13

„Himmelskugeln" überraschen uns

Vor ein paar Jahren machten Elaine und ich ausnahmsweise Urlaub im Ausland. Wir folgten den Fußstapfen des Apostels Paulus auf seinen berühmten Missionsreisen, die vor jetzt fast zweitausend Jahren die Botschaft von Jesus Christus in viele der bedeutendsten antiken Städte im Mittelmeerraum trugen – nicht zuletzt in die Stadt Ephesus, die im Neuen Testament wiederholt erwähnt wird. Die Ruinen der antiken Stadt liegen in einem Gebiet, das einst zu Griechenland, dann zum Römischen Reich gehörte und heute zur Türkei. Wir besuchten Ephesus, gingen durch Straßen, durch die Paulus gegangen war, und staunten über die Ruinen einer untergegangenen Zivilisation.

Das antike Ephesus war eine blühende Großstadt, ein pulsierendes Zentrum des Handels, der Kultur und der (heidnischen) Religion. Eine richtige Weltstadt. Generationen von Archäologen haben ihre Überreste ausgegraben, und jedes Mal, wenn sie glauben, jetzt aber ganz bestimmt die Stadtgrenze erreicht zu haben, entdecken sie das nächste archäologische Wunder und müssen den Stadtplan wieder erweitern. Als wir dort unter den Überresten all der Kolonnaden standen, mussten wir denken, dass diese alte

Stadt eine schöne Illustration eines alten Sprichwortes ist: Je mehr man sieht, desto weniger man weiß. Je mehr die Archäologen von Ephesus entdecken, umso größer und staunenswerter wird die Stadt.

Diese alte Stadt ist mir zu einem Bild für mein inneres Leben geworden. Ich bin im Himmel gewesen und zurückgeschickt worden, um den Menschen von ihm zu erzählen. Ich habe Heilungen erlebt, die meine Ärzte außer Fassung gebracht, Gottes Macht demonstriert und mir ein körperlich aktives Leben zurückgebracht haben. Und auch in meiner Umgebung hat Gott Wunder getan, echte Wunder, Wunder wie die in der Bibel. Er hat Menschen geheilt und einen Kreislauf der Sünde durchbrochen. Er hat Menschen seine Fürsorge, Ermutigung und Liebe gebracht. Doch ich glaube, dass all dies nur kleine Teilausgrabungen einer geheimen, wunderbaren Stadt sind, die sich unter meinen Füßen befindet und zum größten Teil unsichtbar ist.

Unsere Welt ist wie der Boden dort in der Türkei. Unter ihrer Oberfläche schlummern viele, viele Wunder, liegt die Geschichte einer Zeit und einer Stadt, die da und doch nicht da sind, direkt vor unserer Nase, aber ohne Gottes Erlaubnis nicht zugänglich. Diese verborgene Stadt ist nicht ein Zeuge längst vergangener Zeiten, sondern sie steht für die Gegenwart, ja für die Zukunft, die noch vor uns liegt. Wir wissen nicht, was für Schätze hier schlummern, aber wir haben Gottes Verheißung, dass wir dadurch, dass wir nach ihnen graben, unsere Herzen bereit machen für Gottes Gegenwart, für die Welt, wie sie eigentlich sein sollte. Mit anderen Worten: für den Himmel.

Mir ist das einzigartige Erlebnis vergönnt gewesen, mit Jesus zu gehen, seine Stimme zu hören, das Gewicht seines Arms auf meinen Schultern zu spüren, zu erleben, wie er mir ausführlich und voller Liebe erklärte, wozu mein Leben da war. Es war Liebe in Vollendung. Es zeigte mir, wie meine Beziehung zu ihm auszusehen hatte, es zeigte mir, warum es lohnte, jederzeit mein Leben hinzugeben, um ihm nachzufolgen, wohin er auch gehen würde. Ich durfte nicht an diesem Ort bleiben, aber ich nahm sein Echo mit, als ich wieder ging.

Diese unsere Welt ist nicht der Himmel. Es ist eine gefallene, von der Sünde verunstaltete Welt. Sie ist nicht so, wie Gott sie gedacht hatte. Sie fühlt sich nicht so an, wie sie sich anfühlen sollte. Aber überall in ihr gibt es ferne Echos des Himmels, die nur darauf warten, dass wir sie hören.

Was meinen Sie: Ist es möglich, die Schönheit und die Wunder des Himmelreiches schon hier auf der Erde zu erfahren? Ich glaube schon.

Um den Himmel auf der Erde zu erkennen, brauchen wir das Auge eines geübten Jägers, sodass wir das sehen, woran andere achtlos vorübergehen. In dem Film *Patch Adams* lässt sich der gleichnamige Held freiwillig in eine Psychiatrische Klinik einweisen, wo er lernt, anderen zu helfen. In einer Szene kommt ein Patient zu ihm gerannt, der die Hand vor sein Gesicht hält. „Wie viele Finger?", fragt er Adams. Der zählt kurz und gibt die naheliegende Antwort: „Fünf." Der Patient stürmt davon. Irgendwie war die richtige Antwort falsch.

Etwas später, in einer rührenden Szene, kommt die Lösung des Problems. Wenn meine Augen auf das Problem gerichtet sind, ich also direkt auf die Hand schaue und die Finger zähle, sehe ich nur fünf. Schaue ich dagegen in die Augen des Fragenden, verschwimmt das Bild, das ich sehe. Ich sehe mit beiden Augen, und plötzlich sind es zehn Finger.

„Zehn. Ja, zehn, jawohl!", sagt der Patient begeistert. „Das ist eine gute Antwort, ja. Sehen, was kein anderer sieht, was die anderen nicht sehen wollen. … Die ganze Welt jeden Tag neu sehen."

Sehen, was die anderen nicht sehen. Was für ein starkes Bild für das Sehen, das über unseren kleinen Horizont hinausgeht.

Bevor ich starb und in das Andere Land ging, lebte ich die verdünnte Version des christlichen Glaubens, die ich weiter oben bereits beschrieben habe. Ich wusste das damals natürlich nicht, und heute ist mir die Erinnerung peinlich. Doch, ich war ein rechtgläubiger Christ, ich gehörte zu Jesus und er zu mir; so weit war alles in Ordnung. Aber es war ein verdünnter Glaube.

Ich erinnere mich gerne an das, was ich als Junge und als junger Mann vom christlichen Glauben mitbekam. Der Gemeindepfarrer damals und die Leute von der Christ the King Episcopal Church füllten in der Stunde der Not die Vorratskammer unserer Familie, als mein Vater arbeitslos war und meine Mutter krank. Das war eindeutig kein verdünnter Glaube. Diese Gemeinde und ihre Traditionen waren ein reicher Schatz. Meine Erfahrung dieses Schatzes war dagegen armselig dünn. Ich begriff gar nicht richtig, was ich da vor mir hatte. Meine Augen waren noch nicht geöffnet. Verglichen mit meinem Glaubensleben nach dem Anderen Land war mein Glaube damals eine dünne Suppe. Das Leben mit Gott hatte ja so viel mehr zu bieten, als ich mir träumen ließ. Unter meinen Füßen lagen Schatzkammern, die meilenweit reichten, bis hinein in die Ewigkeit.

„Das graue Land." Ich weiß nicht, wie ich die Welt, in

der ich nach fünf Wochen im Koma aufwachte, anders beschreiben soll. Diese Welt war grau und fad. Verglichen mit dem Himmel hatte sie sozusagen kein Aroma. Womit ich sie nicht schlechtmachen will. Im Lichte des Anderen Landes wird sie unendlich wertvoller, als wir je verstehen können. Aber die Perspektive des Himmels hat die Art, wie ich denke, fühle, lebe, liebe und Gott erkenne, völlig verändert. Was früher war, war nicht schlecht, aber was dann kam und jeden Tag neu kommt, ist um Längen besser.

Mag sein, dass Sie Ihr derzeitiges Glaubensleben als wunderbar empfinden, als Quelle der Kraft. Aber könnte es sein, dass Sie die Welt wie in einem grobkörnigen Schwarzweiß-Film sehen, obwohl Ihnen ein hochauflösender Farbbildschirm zur Verfügung steht? Wenn wir uns vom Herzen des Vaters berühren ließen, würden wir anders leben, uns anders verhalten, anders hören. Es würde uns das wichtig werden, was dem Vater wichtig ist. Wir würden die Liebe revolutionieren und die Liebe würde uns revolutionieren.

Mein Zusammensein mit Jesus im Himmel demonstrierte mir den christlichen Glauben, wie er eigentlich sein sollte. Bei Gott sein, ihn kennen, von ihm erkannt sein – das ist das Ziel und der Sinn unserer ganzen Existenz, und danach sehne ich mich mit jeder Faser meines Seins zurück. Ich möchte wieder dort bei Jesus sein. Und diese Sehnsucht, dieser Schmerz, dieser Hunger ist ebenso in den tiefsten Tiefen Ihres Herzens, auch wenn Sie das vielleicht nicht wahrhaben wollen. Mein Hunger ist größer, weil ich schon eine Kostprobe bekommen habe.

Wenn Sie den Himmel erst einmal probiert haben, wollen Sie nichts anderes mehr. Dieser Hunger nach dem Himmel lässt mich ständig darauf achten, was der Vater tut und wo er wirkt. In den vierzig Jahren seit meiner Rückkehr in dieses Leben habe ich immer wieder erfahren, dass wir Gott nicht herbeizitieren oder herbeibitten können. Es ist reine Gnade, auch nur das kleinste Stückchen Himmel zu sehen und eine „Himmelskugel" mitzuerleben.

Gottes Gegenwart ist immer – und immer nur – ein Geschenk. Ein Geschenk, das uns überrascht.

Seit Jahren unterstützen Elaine und ich das internationale christliche Kinderhilfswerk „Compassion International". Wir betrachten unsere Compassion-Patenkinder als adoptierte Glieder unserer Familie in Colorado. Seitdem reicht unsere Großfamilie vom Dschungel Indonesiens bis zu den städtischen Barrios in der Dominikanischen Republik und Honduras.

Im Jahre 2007 lud man mich ein, an einer Orientierungsreise nach Kolumbien teilzunehmen. In meiner Ausbildung und Berufspraxis habe ich mich auch mit dem Thema der wirtschaftlichen Entwicklung befasst. Ich wollte unter anderem zur Schaffung eines multilateralen, vielschichtigen Finanzsektors in Kolumbien beitragen, der eine nachhaltige Entwicklung des Landes ermöglichen würde. Ich war dankbar, dass meine Ausbildung und Erfahrung anderen Menschen zugutekommen konnten. Doch ich ahnte nicht, dass derjenige, der auf dieser Reise etwas lernen würde, vor allem ich selbst war!

Zu unserer Reise gehörte auch ein Ausflug vom modernen Stadtzentrum von Cartagena in eines der Compassion-Entwicklungszentren im Armenviertel (Barrio). Die Organisatoren bestanden darauf, dass wir in Arbeitskleidung und Stiefeln (am besten Wanderstiefel mit extradicken Sohlen) in das Barrio fuhren.

In diesem Barrio lernte ich etwas für mein ganzes Leben.

Ein kleiner Teil der Reisegruppe durfte die Hütte der Familie Cardenas besuchen, die von Compassion International unterstützt wurde. Die Cardenas sind keine gewöhnliche Familie. Zunächst einmal ist das Haupt der Familie der Mann, während die meisten anderen Familien, die wir kennenlernten, matriarchalisch waren, das heißt, es gab meist nur eine Mutter, keinen Vater. Und zweitens haben die Cardenas eines der schöneren Häuser im Barrio. Das Drei-Zimmer-Haus hat ein Wellblechdach und Lehmfußböden, sodass die Familie es bei Regen trocken hat, anders als viele ihrer Nachbarn.

Die Kanalisation besteht aus offenen Rinnen in der Mitte der Straßen, durch die die Abwässer in die nahe gelegene Lagune fließen. Um die Rinnen durchzuspülen und der Lagune sauberes Wasser zuzuführen, braucht es Regen. Regnet es nicht, bleibt die Brühe, wo sie ist. Unser Besuch fand während der Trockenzeit statt, Wochen nach dem letzten Regen, und ich begriff bald, wozu die dicken Schuhsohlen gut waren. Es war nicht einfach, unser Frühstück im Magen zu behalten, als wir durch die stinkenden Straßen gingen.

Die Familie Cardenas verfügte noch über einen weiteren Luxus – elektrischen Strom. Ein dünnes Kabel führte vom Dach hinunter zu einer nackten Lampenfassung, in der eine einsame Glühbirne ihr trübes Licht verbreitete. Unter der Birne stand ein improvisierter Tisch und vor dem Tisch ein großer Betonstein, der als Stuhl diente. Auf dem Tisch lag aufgeschlagen eine zerlesene Bibel. Meine Knie wurden etwas weich (nicht von dem Gestank draußen, sondern von der besonderen Nähe Gottes, die ich spürte), und ich setzte mich rasch auf das Bett. Sofort stürzten sich die drei Cardenas-Kinder auf mich; jedes wollte den besten Platz auf dem Schoß „seines" Paten ergattern. Dabei war ich gar nicht ihr Pate; ich hatte halt eine helle Hautfarbe, das war alles. Nur eines dieser Kinder hatte einen Compassion-Paten, was bedeutete, dass mindestens eines von ihnen jeden Tag eine richtige Mahlzeit bekam (die drei wechselten sich oft ab). Alle drei gingen in das Compassion-Entwicklungszentrum, wo sie den Tag über in Sicherheit waren, denn dieses Zentrum respektieren selbst die Straßenbanden.

Ich umarmte die drei, bis sie genug hatten, dann zeigte ich auf die aufgeschlagene Bibel und fragte den Übersetzer, ob ich dem Familienvater ein paar Fragen stellen könnte. Der Übersetzer erklärte, dass der Mann ein einfacher Tagelöhner, aber fit und gesund war.

Señor Cardenas erklärte mir über den Übersetzer: „Jeden Morgen vor Sonnenaufgang stehe ich auf, mache das Licht an und lese Gottes Wort. Ich bin so dankbar, dass ich das Licht habe. Es gibt in unserem Barrio drei Stellen, wo wir Tagelöhner um Arbeit anstehen können, und ich bitte Gott immer, mir zu zeigen, zu welcher ich gehen soll. Ich gehe zeitig hin. Manchmal bekomme ich Arbeit, manchmal nicht. Manchmal ist es eine gute Arbeit; dann können wir unseren Nachbarn etwas abgeben. Viele hier sind schlechter dran als wir. Gott gibt uns, was wir brauchen, und dazu gebraucht er auch Sie."

Dieser Mann verdient also an manchen Tagen mehr, als er für seine Familie braucht. Den Überschuss schiebt er dann nicht unter sein Kopfkissen, sondern schenkt ihn seinen Nachbarn. Gemeinschaft in Aktion. Was Gott dir gibt, das teile mit den anderen.

Wir gingen zurück auf die Straße und die „Himmelskugel" verblasste. Irgendwie war der Gestank nicht mehr so schlimm. Ich habe mich später gefragt, ob die Familie Cardenas womöglich ständig in dieser Nähe Gottes lebte. So, dass es immer für das tägliche Brot reichte. Das Himmelreich in einem Barrio in Kolumbien. Wer hätte das gedacht? Für mich war es eine totale Überraschung.

Auf dem Rückflug notierte ich in mein Tagebuch: „Ich frage mich, wie unser himmlischer Vater Armut definiert. Kann es sein, dass in seinen Augen die Cardenas reich sind und ich arm? Was zermartere ich mir den Kopf über meinen nächsten Geschäftsabschluss, wenn ich genauso gut still in meiner Schoßhöhle sitzen und mir von einem liebenden Vater zeigen lassen könnte, was ich tun soll und worin mein Auftrag besteht? (Die „Schoßhöhle" ist der Raum der Stille, den ich mir in unserem Haus für das innere Ausruhen und die Begegnung mit Gott eingerichtet habe. Weil ich dort neue Nahrung bekomme und wachsen kann, wie ein Kind im Mutterleib, nenne ich ihn „Schoßhöhle".)

Durch den Heiligen Geist haben wir ein neues Leben bekommen. Einen neuen Weg. Alle Menschen sind Gott wichtig. Er versetzt uns in die Lage, anderen Menschen von dem, was wir haben, abzugeben. Wir sind keine Ersatzspieler in Gottes Mannschaft, wir gehören zum Kernteam.

Sie sind wichtig – jawohl, Sie. Ich bin wichtig. Wir alle sind wichtig. Wenn wir das begreifen, können wir ruhig werden und durchatmen. Wir beginnen zu sehen, wozu Gott uns erschaffen hat, was sein Auftrag an uns ist, und dann können wir diesen Auftrag freudig anpacken und alles, was Gott uns gegeben hat, für dieses heilige Werk einsetzen.

Gott sagt uns: *„Du bist in meiner Mannschaft. Ich habe dich ausgewählt."*

Ich bin ein Mitreisender auf dieser Reise.

Ich habe lange gebraucht, um innerlich zu wachsen, bis ich selbst glaubte: Ich hatte etwas mitzuteilen. Etwas, das wichtig ist, das aufbaut, das zu hören sich lohnt. Ich bin kein Experte, aber ich bin dabei, zu lernen, Gott jeden Tag neu in mein Leben einzuladen, mich ihm zur Verfügung zu stellen. Wenn ich auf die dreißig bzw. vierzig Jahre seit meinen beiden Nahtod-Erlebnissen zurückschaue, stelle ich eine Entwicklung fest in meinem Glauben und der Fähigkeit, die Gegenwart des Himmels auf der Erde zu spüren. Ich erlebe dies als ein Wachsen, das heute noch weitergeht und oft mit Kämpfen verbunden ist.

Es ist mir immer klarer geworden, dass das Reich Gottes ja ganz nah bei uns ist, in unserem normalen Alltagsleben. Ich habe gelernt, Blicke auf den Himmel zu erhaschen und ganz bewusst in die Gegenwart Gottes einzutreten, wenn er nahe ist. Jedes Mal, wenn ich das tue, weiß und spüre ich, dass meine Füße heiligen Boden betreten – Inseln des Himmels, auf denen Gott mitten in den Kämpfen unseres Alltags seine Liebe offenbart. Wir sind ihm nicht egal. *„Es ist gut"*, sagt er in solchen Augenblicken – manchmal durch Wunder, manchmal ganz unspektakulär und einfach. Diese Augenblicke suche ich, und allmählich passieren sie häufiger und die Kugeln dauern länger. Oft sind sie voller Überraschungen.

Aber ich möchte ehrlich sein: Einige dieser Lektionen sind für mich nicht leicht gewesen. Hier ein Beispiel, das zeigt, warum wir sensibel, weise und wohlbedacht vorgehen müssen, um dabei zu sein, wenn Gott handelt.

Wir trafen uns in unserem Haus als Gruppe christlicher

Männer aus meinem Freundeskreis. Wir wollten Gottes Wirken unter uns mit einem kleinen Fest begehen. Die Männer und ihre Frauen versammelten sich in unserem Wohnzimmer. Ich hatte in der Nacht einen Traum über eine der Ehefrauen gehabt, obwohl ich ihr noch nie persönlich begegnet war. In dem Traum sah ich, dass irgendetwas an ihr kaputt war. Sicher wollte Gott das heilen, oder? Wie gesagt, ich hatte sie noch nie gesehen und wusste absolut nichts über sie. Aber als sie in den Raum trat, erkannte ich sie sofort: Das hier war die Frau aus meinem Traum!

„Komme ich Ihnen bekannt vor?", fragte ich sie neugierig.

„Nein, eigentlich nicht", erwiderte sie. Wir kamen ins Gespräch, und sie sagte mir, dass sie ein schweres Rückenleiden hatte, das ihr ständig furchtbare Schmerzen verursachte. Sie konnte seit Langem nur noch mit Schmerzmitteln leben. Es war gerade so, als ob der Schmerz ein Teil von ihr geworden war. Später, beim Kaffee, als wir mehr Zeit hatten, verriet ich ihr, dass ich von ihr geträumt hatte.

Nach dem Treffen sagte mir ihr Mann, der Pastor war: „Sie muss es ein bisschen verdauen, dass jemand, den sie überhaupt nicht kannte, in der letzten Nacht von ihr geträumt hat."

Der Frau war sehr unbehaglich zumute, was ich ihr nicht übelnehmen konnte. Vielen anderen wäre es an ihrer Stelle ähnlich ergangen. Ich entschuldigte mich bei ihrem Mann. „Das habe ich ein bisschen verbockt."

Den Leuten Angst zu machen war so ziemlich das Letzte, was ich wollte. Ich habe keinen Zweifel, dass hinter diesem Traum Gott steckte, dass er etwas bedeutete. Aber ich bin damit nicht besonders sensibel umgegangen. Mit dem Ergebnis, dass die Person, mit der ich Kontakt aufnehmen sollte, sich überrumpelt und abgeschreckt fühlte. Ich glaube nach wie vor, dass dieser Traum etwas bedeutete und dass der himmlische Vater dieser Frau vielleicht ganz nahekommen wollte. Aber ich übe immer noch, wie ich mit solchen Augenblicken richtig umgehe. Ich bete darum, dass Gott mir eine zweite Chance geben wird, mit dieser Frau zu beten und zu entdecken, was sein Wille für sie ist: eine Chance, ein klein wenig dazu beizutragen, das Himmelreich in ein Leben hereinzuholen, das von chronischen Schmerzen beherrscht wird.

Im Rückblick ist mir klar, dass ich in dieser Situation zunächst einmal mehr Fragen hätte stellen sollen, um die Lage zu sondieren. Ich hätte zuerst auf Gottes Stimme hören sollen, anstatt vorzupreschen und die Frau zu überrumpeln. Ich hätte besser mehr über den ganzen Hintergrund dieser Frau erfahren sollen, über die religiösen Traditionen, in denen sie aufgewachsen war, über das Gottesbild, das sie geprägt hatte. Dass Gott uns bestimmte Dinge über einen Menschen offenbart, bedeutet noch lange nicht, dass wir dieses Wissen sofort für unser Handeln gebrauchen sollen.

Ich glaube, solche Situationen wie die, die ich dort erlebte, gehören zu unserem Reifungsprozess dazu. Wir lernen, wir machen Fehler und das ist okay. Aber wir müssen uns auch darüber im Klaren sein, dass solche Augenblicke, in denen womöglich Gottes Eingreifen kurz bevorsteht, meist auch Augenblicke sind, die prekär, ja geradezu gefährlich sind. Wäre es nicht so, wären sie nicht so wichtig. Diese Augenblicke haben ein unerhörtes Heilungspotenzial – aber auch ein unerhörtes Verletzungspotenzial, wenn irgendetwas schiefgeht. Die Verantwortung liegt nicht zu hundert Prozent auf unseren Schultern, aber es ist enorm wichtig, dass wir über das persönliche Leitsystem des Heiligen Geistes ständig in enger Verbindung mit dem Vater sind. Es kann sehr verführerisch – und gefährlich – sein, sich in solchen Situationen auf die eigene Erkenntnis und Kompetenz zu verlassen. Wir dürfen uns nicht auf uns selbst verlassen, sondern immer nur auf den Heiligen Geist. In dem Augenblick, in dem wir denken: *Das kann ich schon selbst,* sind wir verloren.

Ich habe gelernt zu beten: *Lieber Herr, bitte mache mich zu einem scharfen Werkzeug in deiner Hand. Mache mich schärfer, nicht stumpf.*

Mein großes Ziel ist es, dass die Menschen sich durch mich in den Tiefen ihrer Seele geliebt fühlen – dass sie durch mich die Liebe des himmlischen Vaters erfahren. Über die Ergebnisse habe ich keine Macht, aber wenn der Weg zu den Ergebnissen Liebe ist, dann habe ich den Weg in der Hand.

Ich stehe Gott heute mehr zur Verfügung als früher. Ich bin besser darin geworden, die Führung des Geistes und die Gegenwart des Vaters zu spüren. Ich habe noch einen langen Weg vor mir, aber auch einen langen Weg hinter mir, und die Reise dient der Ehre Gottes und der Bezeugung seiner Treue und Geduld.

Es ist wie beim Ausgraben einer alten Stadt: Je mehr ich sehe, umso weiter wird mein Blick.

Das Beispiel mit meinem Traum über diese Frau sollte genügen, Ihnen zu zeigen, dass die Straße, auf der ich unterwegs bin, nicht nur für Leute ist, die alles richtig machen. Ich habe mein Quantum an Fehlern gemacht. Meine Straße hat ihre Schlaglöcher, wie bei jedem von uns.

Aber ich weiß auch: Der Himmel auf Erden, das ist etwas für die Lernenden, für die Fehlermacher wie mich. Man braucht nicht wochenlang im Koma gelegen zu haben, um Gottes Gegenwart in dieser Welt zu erkennen. Mag sein, dass ich persönlich das gebraucht habe, um Gottes Macht zu erkennen und zu lernen, wie seine Gegenwart sich anfühlt, aber ich bin zutiefst davon überzeugt, dass Sie und ich und jeder von uns in dieser Gegenwart Gottes leben kann – hier und jetzt. Es ist eine Vision, die nicht nur für ein paar Auserwählte gilt. Es ist eine Art zu leben, eine Lebensstraße, die uns allen offensteht.

Ich bin immer noch dabei zu lernen, wirklich hinzuschauen und diese Straße zu gehen. Ich bin nach wie vor auf einer Entdeckungsreise. Und ich glaube von ganzem Herzen, dass auch Sie diese Reise machen können.

Sind das nicht gute Nachrichten? Sie müssen weder Pastor sein noch Theologie studiert haben, um in Gottes Gegenwart leben zu können. Die Tür steht weit offen, für jeden von uns. Wir alle sind eingeladen. Da ist nichts hochwissenschaftlich und kompliziert, sondern eigentlich ist alles ganz einfach. Das hat mir mein Tod gezeigt. Und mein Leben nach dem Himmel.

Wo leuchtet ein Stück vom Reich Gottes auf?

1. Wenn Gottes Wille in einem Autobahnrestaurant so geschieht wie im Himmel.
2. Wenn Gottes Wille an der Supermarktkasse oder in der Firma so geschieht wie im Himmel.
3. Wenn Gottes Wille in der Gemeinde oder in einem ehemaligen Spirituosenladen so geschieht wie im Himmel.
4. Wenn Gottes Wille in meinem Terminkalender so geschieht wie im Himmel.

5. Wenn Gottes Wille in unserem Herzen, unserer Familie und unserem Portemonnaie so geschieht wie im Himmel.

6. Wenn Gottes Wille überall so geschieht wie im Himmel.

7. Wenn Gottes Wille in meinem und Ihrem Leben so geschieht wie im Himmel.

Wenn dies stimmt, dann ist das Himmelreich eine Revolution, die still und leise die ganze Welt auf den Kopf stellen wird. Und das ist nicht nur etwas für die gestandenen, reifen Christen, sondern auch für ganz normale Leute, die Jesus lieben wollen, sich aber nicht für besonders fromm halten. Weil der Wert, die Kraft und die Schönheit dieses Lebens ganz beim Vater liegen, müssen wir diese Lasten nicht selbst tragen. Gott selbst gibt allem seinen Wert. Alles, was wir beitragen, ist unsere Bereitschaft, uns von ihm gebrauchen zu lassen.

Womit wir beim nächsten Paradox des Himmels wären: Wir können Gott und seinem Werk nichts bringen – und gleichzeitig bringen wir ihm alles.

Gott öffnet jedem von uns die Tür, egal, wie unser Leben gerade aussieht, egal, ob wir in den Augen der Welt wichtig sind oder nicht. Wir brauchen keine religiösen Stabhochspringer zu sein. Gott lädt jeden ein, sich zu beteiligen an dem großen Werk seines Sohnes, den Himmel auf die Erde zu holen. Jeder kann mitmachen, absolut jeder. Ich selbst bin der beste Beweis dafür.

Es geht hier nicht darum, dass wir uns ein paar neue religiöse Praktiken aneignen, die man wie einen Regenmantel anlegen und wieder ablegen kann. Es geht um Dinge, die in die Tiefe gehen, ein Teil von uns werden und uns von innen heraus zu verwandeln beginnen. Wollen Sie das nicht auch?

Überlegen Sie einen Augenblick. Möchten Sie Ihr Leben nicht so völlig dem Willen des Vaters ausliefern, dass Ihr Herz verändert wird? Möchten Sie nicht, dass Ihr Leben ein Abenteuer des Wartens wird – des tiefen, fruchtbaren Wartens darauf, was Gott als Nächstes tut und wie er Sie gebraucht?

Ich kann Ihnen nur versichern: Es lohnt sich! Absolut! Wäre das nicht etwas für Sie?

~~~~~~

Aber – kostet das nicht auch etwas? Ich habe mich intensiv mit den Bibelstellen beschäftigt, die vom Preis der Nachfolge handeln. Ja, die Sache hat ihren Preis, und der Preis ist hoch. Wie können wir die Angst vor diesem Preis in den Griff bekommen? Tatsache ist: Der Aufruf von Jesus an uns, schon hier und jetzt als Bürger des Himmelreiches zu leben, kostet uns alles. Schauen Sie sich nur einmal an, was er in den Evangelien zu dem Thema gesagt hat. Wiederholt redet er davon, dass wir sterben müssen, um das Leben zu bekommen. Es gibt nichts, was mehr kostet als der Tod (ich kann das bestätigen), und folglich müssen wir uns über den Preis unterhalten.

Was kostet es, Jesus nachzufolgen? Alles.

Ich habe hier insofern gut reden, als ich sozusagen mit dem Geld des Hauses spiele. Ich lebe von geborgter Zeit. Mein Geld und meine Zeit gehören dem Himmel. Ich war ja schon dort und seitdem hat alles eine völlig neue Bedeutung für mich bekommen. Und ich würde ohne zu zögern alles – jawohl, alles! – dafür geben, um schon jetzt in den Himmel zurückkehren zu dürfen.

Für mich ist es relativ leicht, die Kosten zu überschlagen,

weil ich ja schon den Nutzen gespürt habe. Gott hat mich hinter den Vorhang schauen lassen; ich weiß, was für eine Belohnung er für seine Kinder bereit hat.

Brauchen wir alle ein Nahtod-Erlebnis, um die Angst davor zu überwinden, ganze Sache mit Gott zu machen? Die Angst davor, ihm unser ganzes Leben, unsere Zeit und alles, was wir haben, hinzulegen, einschließlich der Angst, zu kurz zu kommen, und der Angst vor Leiden und Tod? Brauchen wir eine Nahtod-Erfahrung, um ihm sagen zu können, dass wir ab jetzt ihm gehören und nicht mehr uns selbst, und dass er mit uns tun kann, was er will?

Die Antwort ist Nein.

Gott will, dass wir hier und jetzt in seiner Gegenwart leben. In diesem irdischen Leben, egal, wo wir sind, egal, was wir tun.

Ich möchte Ihnen Mut machen: Egal, was es Sie kostet, so zu leben, es ist seinen Preis mehr als wert. Darum ist mein Tod es wert, dass ich für ihn lebe. Ich soll den Menschen sagen, dass das Himmelreich viel näher ist, als wir meinen und als wir gelernt haben. Ich soll ihnen zeigen, dass wir in einer verdünnten Welt leben und dass es der Herzenswunsch des himmlischen Vaters ist, dass unsere Gegenwart reich und getränkt von seiner Nähe wird. Konzentriert und unverdünnt.

Als Gott Salomo einen Wunsch freistellte, worum bat Salomo ihn? Um Weisheit. Der Vater gab ihm Weisheit, und mit der Weisheit alles andere an Segen. Das sage ich Ihnen im Vertrauen als Finanzberater: Das ist eine echt gute Investition.

Egal, wie hoch der Preis ist, der Gewinn ist viel, viel höher. Aber der Teufel, der Feind, der Lügner biegt es so hin, dass wir – wie das Kaninchen auf die Schlange – auf den Preis starren, der sichtbar vor uns liegt, damit wir bloß nicht an die (vorerst noch unsichtbare) Belohnung denken, die der Vater für uns bereit hat und die der Sohn uns am Kreuz erworben hat.

Gott bietet uns durch den Heiligen Geist eine Beziehung an, die vielleicht unsichtbar, aber zutiefst fühlbar ist. Er selbst ist bei uns und das macht mir Mut und erinnert mich an die Zukunft, die am Ende des weißen Tunnels auf mich wartet.

Jesus hat das, was ich gerade gesagt habe, bildlich in zwei Geschichten zum Ausdruck gebracht – im Gleichnis vom Schatz im Acker und im Gleichnis von der kostbaren Perle:

„Mit dem Himmelreich ist es wie mit einem Schatz, der in einem Acker vergraben war und von einem Mann entdeckt wurde. Der Mann freute sich so sehr, dass er, nachdem er den Schatz wieder vergraben hatte, alles verkaufte, was er besaß, und dafür den Acker kaufte.

Mit dem Himmelreich ist es auch wie mit einem Kaufmann, der schöne Perlen suchte. Als er eine besonders wertvolle fand, verkaufte er alles, was er besaß, und kaufte dafür diese eine Perle" (Matthäus 13,44-46).

Der Mann, der den Schatz entdeckte, verkaufte alles, was er hatte, weil der Schatz so wertvoll war. Es kostete ihn alles, den Acker zu erwerben. Ähnlich bei dem Kaufmann mit der Perle.

Wenn wir Gott bekommen, wenn wir das Herz des Vaters bekommen, wenn wir den Himmel bekommen, sind wir immer die großen Gewinner, egal, was wir verlieren. Gott ist alles, was wir brauchen.

Wenn ich „Gott und _____" brauche (füllen Sie die Lücke selbst aus), dann stimmt etwas nicht bei mir. Gott ist genug, und er sollte mir genug sein. Er reicht aus. Wenn ich in den Himmel zurückkehre, werde ich buchstäblich nichts mitnehmen können – nichts, außer der Liebe Gottes. Alles andere werde ich zurücklassen. Es ist wie die letzte Szene in dem Film *Ghost – Nachricht von Sam*. Dort sagt Sam: „Das ist echt ein Ding, Molly. Die Liebe drinnen nimmt man mit." (Endlich einmal ein Film, in dem Hollywood die richtige Theologie verbreitet.)

Man merkt es, wenn man nicht mehr auf den Willen des Vaters ausgerichtet ist. Man steht unter Druck und Stress, der Vater scheint weit weg zu sein. Das ist schrecklich und das Gegenteil vom Himmel, das Gegenteil von Geduld, Frieden, Gottes Gegenwart und purer Freude. Man hat den Eindruck, geistlich am falschen Ort zu sein. In solchen Augenblicken bete ich: *Herr, zieh mich wieder ganz zu dir.*

Doch auch wenn wir auf Gott ausgerichtet sind, gibt es die Wüstenwanderungen, die Zeiten, wo unsere innere Reise kein Vergnügen ist, aber wo wir nicht so weit entfernt von Gott sind, wie wir uns vielleicht fühlen. Das sind Zeiten der Vorbereitung. Meine Wüstenerfahrungen erlebte ich intensiv in den zehn Jahren zwischen meinem ersten und zweiten Besuch im Himmel. In dem Maße, wie wir innerlich wachsen, spüren wir immer stärker, wenn unsere Verbindung zum Vater nicht so ist, wie sie sein sollte. Wir haben es förmlich im Gefühl, dass etwas nicht stimmt. Es gibt Zeiten, wo der Vater schweigt. Aber er ist immer da. Er verlässt uns nie.

Ich weiß nur zu gut, dass ich und dass jeder von uns in Sünde leben kann, außerhalb von Gottes Willen, ohne das zu merken. Manchmal geschieht dies aus Unwissenheit, manchmal ist es eine Art Selbstbetrug. Immer aber ist es sehr real. Diese Tatsache sollte uns wachsam machen und immer wieder Gottes Angesicht suchen lassen. Ich bitte

Gott dann, mir zu zeigen, wie er das, was ich tue, aus seiner himmlischen Perspektive sieht und bewertet.

Möge der göttliche Wegweiser und Lehrer uns alle dort hinstellen und an dem Ort bewahren, wo er uns haben will. Möge er nicht zulassen, dass wir in den Graben fallen. Genau das tut er – in der Gemeinde, und zwar stets in seiner Allmacht im Geheimen. All dies gehört zu den Dingen, die ich immer besser lerne. Ich bin dabei zu wachsen und ich will weiter wachsen.

~~~

Wir stehen hier vor tiefen, wunderbaren Geheimnissen, und bisher kratzen wir nur an der Oberfläche. Ich stehe vor dem Herzen des himmlischen Vaters, das unergründlicher und tiefer ist als das Universum, und spüre, wie klein ich eigentlich bin. Wenn uns aufgeht, wie groß Gott ist und wie klein dagegen wir sind, fällt uns diese demütige Erkenntnis nicht schwer. Jede echte Begegnung mit dem Vater macht uns ein Stück demütiger. Warum? Ganz einfach: Wer Gott sieht, wie er wirklich ist, sieht auch sich selbst, wie er wirklich ist.

Doch Tatsache ist auch, dass diese Geheimnisse sich uns nicht immer auf die Art offenbaren, wie wir es gerne hätten. Wir alle suchen Siege, sichtbare Wunder, Menschenleben, die von jetzt auf gleich verändert werden, und manchmal schenkt Gott uns so etwas. Aber oft auch nicht.

Ich habe ihn um Hunderte von Heilungen gebeten, die nicht passiert sind. Ich habe Tausende sehr konkreter Gebete gebetet, die Gott nicht so erhörte, wie ich mir das so sehr gewünscht hatte. Gottes Perspektive ist so viel größer als meine. Und ich glaube fest daran: Aus dieser Perspektive war es in jedem einzelnen dieser Fälle besser, dass es nicht nach meiner Nase ging.

Jedes Mal, wenn ich erlebe, wie das Reich Gottes Menschen berührt, muss ich daran denken, wie das war, im Himmel zu sein. Das ist jedes Mal wie eine himmlische Tankstelle, himmlische Nahrung für meine immer noch so hungrige Seele. Dieses Gefühl macht mich auf eine Art satt, wie nichts anderes das kann. Und es verändert mich jedes Mal. Nach jeder neuen Erfahrung bin ich anschließend ein anderer Mensch. Wir sind nicht immer die, für die die Erfahrung der Gegenwart Gottes in erster Linie gedacht war. Wir sind nur Gottes Helfer, Freiwillige in seinem Dienst. Aber auch wir werden dabei gesegnet.

Und all das ist nur ein kleiner Widerschein der herrlichen Hoffnung des Himmels. Der Himmel ist unendlich viel mehr als Harfenspieler mit rosa Flügeln oder schöne Wattewolken oder die goldene Himmelspforte. Der Himmel, das ist die Gemeinschaft mit dem Schöpfer und Vater des Universums höchstpersönlich. Es ist Freude, Zusammensein, vollkommene, persönliche Liebe.

Und diese tiefe Gemeinschaft mit Gott kann jeder haben. Auch Sie.

Gottes überraschende Einladung in den Himmel auf Erden wartet überall auf uns, bereit, mit Macht und Licht ins Grau unserer Realität einzubrechen. Sie ist überall da, wie seine liebende Gegenwart. Es ist mein großer Herzenswunsch, dass auch Sie sie sehen und spüren, auch Sie einen Vorgeschmack erleben auf die unerhörte Herrlichkeit, die auf Sie wartet, wenn Sie den letzten Atemzug getan haben und hineingehen ins Andere Land und mit Jesus persönlich reden dürfen. Wer dem Himmel begegnet ist, dessen Leben wird anders; dafür bin ich der beste Beweis.

14

„Himmelskugeln" sind Gelegenheiten für Gottes Liebe

Vor Jahren hatte ich einen Traum. Ich stehe in einer Schlange vor der Himmelspforte, die von Petrus bewacht wird (das wohlbekannte, wenn auch nicht ganz korrekte Klischee). Die Leute vor mir gehen einer nach dem anderen durch die Tür und reichen Petrus dabei einen Umschlag. Der hat neben sich eine kleine hölzerne Kiste stehen, und jedes Mal, wenn der Nächste kommt, greift er in sie hinein, sucht und findet etwas und reicht es dem Betreffenden. So geht das munter weiter.

Schließlich bin ich an der Reihe. In meinem Traum bin ich völlig verwirrt. Was sollen diese Umschläge? Ich trete vor Petrus. Was jetzt?

„Du hast eine CD in deiner Hosentasche", sagt Petrus zu mir.

Stimmt. Da ist die CD.

„Darauf ist alles, was du in deinem Leben auf der Erde getan hast", fährt er fort.

Ich gehe sofort auf die Knie, um Gott um Vergebung für meine vielen Sünden zu bitten.

Petrus lacht. „Nein, das brauchst du nicht zu machen. Das ist längst erledigt."

Jetzt verstehe ich gar nichts mehr.

Petrus sucht in der Kiste und zieht eine zweite CD heraus. „Und darauf ist alles, was du nach Gottes Willen hättest tun sollen."

Diese CD ist nicht eine Liste meiner Sünden, sondern eine Liste all des Guten, das ich hätte tun können. Das Potenzial, das ich hatte. In meinem Traum wünsche ich mir plötzlich heftig, dass die beiden CDs übereinstimmen mögen. Was, wenn ich in meinem Leben das Potenzial an Gutem, das Gott für mich bereit hatte, erfüllt habe? Was, wenn ich all das Gute, das ich tun sollte, tatsächlich getan habe?

Petrus mit einer CD in der Hand – was für eine Karikatur! Aber wenn doch nur dieser Teil des Traumes wahr wäre. Ich bitte Gott, dass ich in meinem Leben keine einzige Gelegenheit auslasse, das zu tun, was ich tun soll. *Vater, gib mir offene Augen. Gib allen Menschen offene Augen für das, was sie nach deinem Willen tun sollen. Und mögest du in dem allen geehrt und verherrlicht werden!*

Vor etlichen Jahren war Elaine an einem Samstagmorgen dabei, eines ihrer kulinarischen Meisterwerke zu schaffen, als sie plötzlich merkte, dass mehrere Zutaten fehlten. Jemand hatte sie aufgegessen (ja, so ist das, wenn man Teenager im Haus hat). Elaine fragte mich, ob ich eben zum Supermarkt fahren könnte.

Lebensmittel einzukaufen ist eigentlich nicht mein Ding. Erst recht nicht samstags in unserem Supermarkt. Aber

Elaine ist die große Liebe meines Lebens, und so antwortete ich: „Na, klar, Schatz, mach ich doch glatt! Schreibst du mir einen Einkaufszettel?" (Mein Ehemann-Punktekonto bei Elaine machte einen Sprung nach oben.)

Ich hatte bei dieser Schatzsuche für die Familie sieben Artikel zu finden. Die Suche gestaltete sich schwieriger, als ich gedacht hatte. Als ich ungefähr die Hälfte beisammen hatte, sah ich einen sechs oder sieben Jahre alten Jungen, der anscheinend seiner Mutter abhandengekommen war. Er trug ein T-Shirt im Tarnfarben-Look und Jeans, die schon länger keine Waschmaschine mehr gesehen hatten. Sein Haar war zerzaust und ungekämmt, als hätte die Mutter ihn direkt aus dem Bett zum Supermarkt gefahren. Kurz: Es war die Art Junge, die ich mochte. Er war mir auf Anhieb sympathisch. Er erinnerte mich an die Zeit, als *ich* der Junge mit den hungrigen Augen gewesen war.

Der Junge und ich waren gerade dabei, in der Gemüseabteilung zwischen den Kürbissen Verstecken zu spielen, als seine Mutter erschien. Sie packte seinen Arm mit einem wahren Schraubstockgriff, schob ihr erbostes Gesicht dicht vor seines und zischte durch die Zähne: „Ich habe dir doch verboten, mit Fremden zu spielen!"

Ich war in elterliches Territorium vorgedrungen. So schnell sie konnte, trabte sie den Gang entlang, das Kind hinter sich herschleifend, um es möglichst schnell von dem fremden Mann zu entfernen. Der kleine Engel in dem Military-T-Shirt schaute über die Schulter zurück in meine Richtung und winkte mir mit seiner freien Hand kurz zu, während seine Augen riefen: *Tschüs, Fremder! Es war schön. Schade, dass es vorbei ist.*

Als ich den Rest meiner Schatzsuche erfolgreich beendet hatte, begab ich mich zu den Kassen. Wer stand da direkt vor mir in der Schlange? Der Junge mit seiner Mutter. Breit grinsend und mit großen Augen zog er an ihrem Ärmel und zeigte auf mich. Sie sah mich missbilligend an.

Dann sah ich ihren Einkaufswagen. Mit dem bisschen, was darin lag, konnte keiner eine Familie satt bekommen. Im Wagen lag eine ganze Familiengeschichte und eines ihrer Kapitel hieß „Hunger". Ich wusste nur zu gut, wie es war, ein Kind in einem Haus mit leerem Kühlschrank zu sein.

Die gleiche Gefühlsexplosion wie so viele Jahre zuvor in dem Frühstücksrestaurant erschütterte mein Herz. Ich sah die Frau an. „Entschuldigen Sie", sagte ich, „haben Sie alles bekommen, was Sie für heute brauchen?"

Überrascht schaute sie mich an. „Nein", erwiderte sie, „diese Woche sind wir ein bisschen knapp."

„Aber nicht heute", sagte ich. „Das kommt nicht infrage." *Piep, piep, piep.* Die Kassiererin hatte schon angefangen, die Einkäufe der Frau zu scannen. Ich fuhr fort: „Holen Sie sich einen anderen Wagen und kaufen Sie alles, was Sie brauchen. Ihren Einkauf heute zahle ich."

Sie sah mich ungläubig an. „Alles?"

„Alles, was Sie brauchen", sagte ich.

Sie zögerte kurz, dann schob sie mir ihren Sohn zu und rannte los, um einen zweiten Einkaufswagen zu holen. Dass ihre Familie satt werden konnte, wog plötzlich mehr als ihre Bedenken gegen diesen fremden Mann. Ich spürte die Nähe Gottes.

Ich drehte mich zu der Kassiererin hin. „Vielleicht sollten Sie eben den Scanner abschalten. Es kann sein, dass das länger dauert."

Sie langte wortlos nach dem Schalter und drückte ihn. Als sie sich wieder aufrichtete, tropften mehrere Tränen auf das Kassenband, die sie nicht schnell genug hatte abwischen können.

Ich beugte mich zurück zu dem Kunden hinter mir, einem stämmigen Mann mit einem vollbeladenen Wagen. „Entschuldigung, vielleicht gehen Sie besser an eine andere Kasse."

„Kommt nicht infrage", antwortete er. „Ich will sehen, wie das hier ausgeht." Auch seine Augen sahen feucht aus; auch er schien ein Stückchen Himmel zu spüren.

Der Mann, die Kassiererin und ich unterhielten uns, bis die Mutter nach zwanzig Minuten wiederkam, den Einkaufswagen voll beladen. Ich fühlte mich die ganze Zeit wie im Himmel.

Ich habe drei Jungen großgezogen, und sofern sie nicht gerade krank waren oder schliefen, blieben sie kaum eine Minute still sitzen. Doch mein kleiner Freund mit dem Tarnfarben-T-Shirt klammerte sich die ganze Zeit an mich, als ob es um sein Leben ging. Er schaute nicht um sich und hampelte nicht herum, wie kleine Jungen das meistens machen, sondern hielt die Arme um mich geschlungen. Erst als seine Mutter in Sicht kam, lockerte er seinen Griff.

Das *Piep, piep, piep* fing wieder an. Der Kassiererin liefen die ganze Zeit die Tränen herunter, der Kunde hinter mir schien Schnupfen zu haben. Eine Riesenrechnung später (es war so oder so Gottes Geld) fiel eine sprachlose junge Mutter einem komischen Fremden um den Hals. Sie brauchte nichts zu sagen; ihre Tränen genügten. Der Junge in dem Military-T-Shirt strahlte wie ein Honigkuchenpferd, als sie aus dem Laden gingen. Er schaute über seine Schulter zurück zu mir und winkte glücklich.

Ich hatte diese Mutter und ihren Sohn nie zuvor gesehen, und ich habe sie seitdem nie wieder gesehen. Bis heute frage ich mich manchmal, ob dieser kleine Junge nicht Jesus in Menschengestalt war, der jemanden umarmte, der es echt brauchte. Das allein war das ganze Geld wert an diesem Tag – jedenfalls für mich.

Hätten Sie das Reich Gottes in einem Supermarkt erwartet? Aber zwanzig Minuten lang war dort das Paradies. Wir waren mitten in einem Stückchen Himmel.

Der Himmel kann alle Bereiche unseres Lebens erfassen. Wir müssen nur lernen, die Zeichen zu erkennen. Am einfachsten zu erkennen ist der Himmel im geistlichen Bereich; da geht es um jene Augenblicke im Gottesdienst oder im Gebet, wo die Gegenwart und Macht Gottes richtig spürbar werden. Das ist dann wie der Himmel, nur hier auf der Erde. Aber dieselbe Gegenwart und Macht können wir auch in unserem Berufsalltag erleben. Oder in unserem Körper (etwa durch eine Heilung). Oder in unserem Geldbeutel (wenn der Himmel durch eine Seele wirkt, die ihre finanziellen Mittel in Treue und Großzügigkeit für Bedürftige einsetzt).

Es gibt keine Patentrezepte für diese Art von Erlebnissen; es geht rein um die richtige Beziehung und den richtigen Weg. Es geht um eine Erwartungshaltung, dass Gott hier bei uns gerade so wirken wird wie im Himmel. Es geht um die gedankliche und emotionale Offenheit für eine Beziehung zu dem dreieinigen Gott. Es geht darum, dass er uns seine Gegenwart zeigt, seine Macht offenbart und unser Leben – und die Welt um uns herum – verändert.

Aber Vorsicht: Sobald wir versuchen, solche Himmelssituationen selbst zu steuern und in eine gewünschte Richtung zu lenken, fällt alles in sich zusammen. Und allmählich weiß ich auch, warum: Der Versuch, eine Situation selbst zu steuern, ist ein Rückfall aus dem Glauben in die Religion. Die Entscheidung darüber, zu was für einem Ergebnis eine Situation führt, liegt bei Gott und bei ihm allein. Immer wieder bitte ich Gott, mich davor zu bewahren, in blinder Selbsttäuschung in das Territorium einzudringen, das allein ihm gehört.

Wir sollten in unserem Alltag viel mehr mit Gott erleben. Unsere Erwartungen sind viel zu bescheiden. Der Himmel ist viel näher, als wir denken. Das Herz des Vaters ist uns näher, als wir uns vorstellen können. Fangen Sie an, Ihr Denken und Ihre Seele zu öffnen, in allen Bereichen Ihres Lebens.

Die Kultur, in der wir leben, ist emotional verkrüppelt. Wir verstehen es nicht, so zu fühlen, wie Gott das tut, und das beeinträchtigt das ganze Leben. Wir haben gelernt, selbst gemachte Schutzpanzer um unsere Seele zu legen, damit uns ja keiner wehtun kann. Das macht uns zu Gefangenen. Es ist nicht die Art des Himmels. Möge Gott uns vergeben, was wir uns da antun, denn indem wir uns so verhalten, verschließen wir die Tür zu den Tiefen des Glaubens und des Lebens. Wir riegeln uns ab gegen die Dinge Gottes.

Wie konnte es so weit kommen mit uns? Indem diese Entwicklung ganz allmählich vor sich ging, Stückchen für Stückchen, bis wir uns einbildeten, dass dieser Zustand das Normale ist, so, wie wir Menschen halt sein sollten. Aber das stimmt überhaupt nicht!

Nein, so soll es nicht sein, so sollen wir nicht leben. Aber es gibt eine Alternative. Das Leben, das wir nach Gottes Willen führen sollen, ist eines der tiefen Gemeinschaft mit ihm und unseren Mitmenschen. Was nicht bedeutet, dass wir nie leiden werden oder dass unser Leben alle Tage Sonnenschein und Glück sein wird. So funktioniert das nicht.

Nein, sondern Gott will, dass wir hier auf der Erde auf eine Art leben, die den Himmel ein Stück weit vorwegnimmt. Es bedeutet, dass wir – egal, wie wir uns gerade fühlen – von Leben und Liebe und Freude in Überfluss umgeben sind, ob wir das nun sehen oder nicht. Und dass Gott Sie und mich gebrauchen will, um diese Dinge sichtbar zu machen.

Jetzt wird dein Leben anders werden. Dieses Gefühl trage ich heute jeden Augenblick meines Lebens in mir. Ich fülle meine Lunge mit wunderbarer, Leben spendender Luft und denke an die Heilung, die Freude, die Fülle und Wahrheit. Jesus hatte recht – mein Leben ist anders geworden. Völlig anders!

~

Lassen Sie mich zurückkehren zu der Geschichte von Chuck, dem ersten Menschen, dem ich von meinem Erlebnis im Himmel erzählte und der den Himmel in seiner Arbeit bei Wal-Mart fand.

Als seine Anstellung sich ihrem Ende näherte, zahlte man ihm ein faires Gehalt, aber er war nicht wegen des Geldes da, sondern weil er das Paradies gefunden hatte. Er konnte lieben und wurde geliebt. Gott gebrauchte ihn, immer wieder. Er spürte die Nähe des Vaters.

Die Jahre vergingen, und aus dem mittelalten Empfangsherrn wurde ein alter Empfangsherr. Dann bekam Chuck Krebs und starb.

Jetzt habe ich Chucks blaue Wal-Mart-Weste. Sie ist eines meiner wertvollsten Erinnerungsstücke. Chuck hat sie mir in seinem Testament vererbt, und der Filialleiter persönlich musste die Bescheinigung unterschreiben, als dieses kleine Stück Firmeneigentum die Filiale verließ.

Chuck war mit 53 Jahren in der Episkopalkirche gewesen, und er war es noch mit 73, als er starb. Er liebte Liturgie, die Adventsfeierlichkeiten, die Schönheit und Ordnung des Kirchenjahres. Und die ganzen zwanzig Jahre stand er im Alltag am Eingang einer Wal-Mart-Filiale und begrüßte herzlich jeden, der hineinging.

Chuck war mein Vater.

Jawohl, Chuck war mein Vater – der immer wieder mal arbeitslose Vater meiner Kindheit.

Zweimal habe ich erlebt, wie mein Vater am Tisch saß und weinte. Das erste Mal (ich habe es in Kapitel 1 erzählt) war, als er wieder arbeitslos und nichts mehr zu essen im Haus war. Er schaffte es nicht. Er war nicht fähig, auch nur sich selbst zu ernähren, geschweige denn seine Familie. Und das zweite Mal war in jenem Café, als er mir berichtete, dass Gott ihm eine Arbeitsstelle gegeben hatte. Da waren es Tränen der Freude darüber, dass Gott selbst ihm dort immer wieder begegnete.

Als mein Vater beerdigt wurde, hielt ich die Trauerrede. Ich arbeite als Finanzberater, er war die letzten Jahre seines Lebens im Einzelhandel tätig. Aber ich sprach darüber, dass wir gemeinsam ein Familienunternehmen führten: die Firma „Himmelskugelsuche". Wir suchten nach Inseln des Himmels in dieser irdischen Welt.

Die Hälfte der Menschen in der bis auf den letzten Platz besetzten Kirche waren Wal-Mart-Leute – Angestellte und Kunden. Der Tod meines Vaters war für sie ein Zeugnis. Mehr als einer erzählte mir, dass er nicht verstanden hatte, woher mein Vater seine Liebe zu den Menschen hatte – bis er seine Liebe zu Gott erkannte.

Wenn das nicht ein Stück Himmel war, dann weiß ich nicht, wo der Himmel ist. Auch wenn dieser Himmel eine blaue Wal-Mart-Weste trug.

Wenn ein arbeitsloser 53-Jähriger aus der Episkopalkirche – jemand, den nach einem beruflichen Nomadenleben niemand auch nur zu einem Vorstellungsgespräch einlud – den Himmel an seinem Arbeitsplatz fand, zwischen Neonröhren und weißen Linoleumböden, wie sieht es dann mit Ihnen aus, egal, wo Sie im Leben stehen?

Wo und was auch immer Sie sind – Arbeiter, Arbeitsloser, Studentin – und egal, wo Sie auf der Skala von „weltlich" bis „geistlich" stehen, ich glaube, in einem gewissen Sinne gehören wir alle bereits zum Himmelreich. Hier auf dieser Erde. Ist es möglich, in den Dienst für das Andere Land zu treten, während man noch in diesem Land hier unten wohnt? Ja. Es ist mehr als möglich. Männer und Frauen, Damen und Herren: Es ist alles heilig. Weil Gott es heilig macht.

Das Reich Gottes ist nahe herbeigekommen. Ich lebe es. Chuck, mein Vater, lebte es auch.

Und Sie können es auch leben. Welchen Weg Sie dafür nehmen? Sie haben die Wahl.

Nachwort

Im Jahre 2015 war ich auf einer christlichen Konferenz in Los Angeles. Eine der Geschichten, die wir dort vom Podium hörten, war meiner ganz ähnlich. Die Dame war nach einer gesundheitlichen Krise in den Himmel gekommen, durfte aber dort noch nicht bleiben. Das Erlebnis lag noch nicht lange zurück, vielleicht ein, zwei Jahre. Ich fand es nicht gut, dass die Veranstalter diese Frau schon so früh ins Rampenlicht stellten. Es stand ihr förmlich ins Gesicht geschrieben, dass sie ihr Erlebnis noch lange nicht verdaut hatte.

In der Pause ging ich zu ihr, nahm sie sachte beim Arm und sagte ihr ein paar Dinge, die sie schier umwarfen – Dinge, die nur jemand, der selbst schon im Himmel gewesen war, wissen und verstehen konnte.

„Woher wussten Sie das?", fragte sie mich entgeistert. „Von diesen Dingen hab ich niemandem etwas gesagt, noch nicht mal meinem Mann."

„Wir sind Seelenverwandte", erwiderte ich. „Vor vierzig Jahren bin ich selbst dort gewesen, wo Sie jetzt sind."

Oft wissen die Leute nicht, was sie machen sollen mit Geschichten wie meiner – Geschichten mit weißen Tunneln und einem Jesus im weißen Gewand. Geschichten mit einem „Lebensrückblick", in welchem der ganze Schmerz des Lebens auf einmal Sinn macht. Geschichten mit Wundern, Heilungen und Träumen, die nicht nur Träume sind, sondern auch Warnungen und Zeichen und Einblicke in die Tiefen des Herzens anderer Menschen.

Ich kann die Skepsis vieler gut verstehen. Unsere Welt macht es uns oft schwer zu glauben, dass es noch eine andere Welt geben kann. Dazu kommt noch die fatale Neigung des menschlichen Herzens, das Heilige dann, wenn wir es nicht als Unfug abtun können, als Sensation zu vermarkten. (Ich bin mir nicht sicher, was gefährlicher ist – der Unglaube oder die Kommerzialisierung.)

Aber ich bin überzeugt: Wir, die wir die andere Seite des Vorhangs gesehen haben, haben es nicht nötig zu beweisen, dass es den Himmel gibt. Wir müssen niemanden von irgendetwas überzeugen. Wir sollten vielmehr hier auf der Erde den Himmel vorleben, oder unser ganzes Erlebnis – wie fesselnd oder bestsellerverdächtig es auch gewesen sein mag – hatte weiter keinen Sinn. Was bedeutet der Himmel für mein Hier und Jetzt? *Das* ist die Frage, die wir beantworten müssen.

Wir alle sehnen uns danach, dass der Himmel in unsere Welt hereinbricht. Ich bin dort gewesen, aber was bedeutet das *hier?* Das ist die wichtigste Frage, die ich und die jeder von uns stellen kann. Was bedeutet mein Himmelserlebnis für mich? Was bedeutet es für die Armen und Elenden? Was bedeutet es für Sie?

So oft reden Christen über den Glauben, als ob er eine intellektuelle Übung wäre und nicht eine Beziehungserfahrung. Wir müssen den Menschen sagen, wer Gott ist – wie wichtig wir ihm sind, welchen Anteil er an unserem Leben nimmt, wie leidenschaftlich er sich danach sehnt, in unserem Leben gegenwärtig zu sein. Es geht darum, eine Beziehung zu dem auferstandenen Christus aufzubauen. Es muss nicht sein, dass wir ihm erst dann gegenüberstehen, wenn wir gestorben sind.

Gott sehnt sich nach uns. Er steht auf der anderen Seite des Vorhangs und ruft: „Komm!" Er möchte uns zu sich ziehen. Gott sehnt sich schmerzlich nach uns, und die Brutalität und das Leid auf der Erde machen diese Sehnsucht nur noch stärker. Ich brauche nur an meine Ecke der Welt der Finanzen zu denken, mit ihrer Unehrlichkeit, Ausbeutung und Unmoral: Gott sehnt sich so danach, sie zu heilen. Jede Woche lese ich im *Wall Street Journal*, wie Menschen dreist und unverfroren ihre gierigen Geschäftspraktiken zugeben und auch noch stolz darauf sind: „Wenn euch das nicht passt, könnt ihr ja vor Gericht gehen …" Gottes Zorn entbrennt, wenn er so etwas hört. Dann der ganze Menschenhandel, die Grausamkeiten im Alltag, die Gewalt, die Ungerechtigkeit, Terrorismus, Missbrauch und Misshandlung. Es schmerzt Gott, all das zu sehen. Jesus weint darüber. Diese Dinge tun ihm weh.

Das Böse in dieser gefallenen Welt geht auf den großen Betrüger zurück. Den Feind. Gott hasst es. Je mehr die Erde zur Hölle wird, umso mehr blutet das Herz des Vaters, sehnt er sich danach, sie neu zu machen, so wie er es in der Bibel versprochen hat. Ich muss kleiner werden, wir alle müssen kleiner werden, damit der Vater auf dieser Erde größer werden kann. Ich möchte seinem Sohn ähnlicher werden, so denken, so atmen, so fühlen wie Jesus. Hier auf der Erde. Damit ich für Gott brauchbar werde. Hier.

Führe mich, Herr. Gebrauche mich. Hier hast du mich.

Es gibt einen alten Autoaufkleber: „Ich bin ein Narr

Christi. Wessen Narr bist du?" Ein weiser Spruch. Ich bin bereit, mich den Giftpfeilen des Feindes und den Anfeindungen der Menschen auszusetzen. „Wieder so ein religiöser Verrückter!", heißt es. Aber ich bin bereit, da durchzugehen – um des unerhörten Reichtums und Schatzes willen, den ich jetzt schon kenne und spüre und den ich einst, wenn ich in das Vaterhaus zurückgekehrt bin, für immer haben werde.

Ja, der Lohn ist da und er ist wunderbar, aber ich tue das alles nicht, weil ich etwas dafür bekomme. Es geht nicht um einen Handel. Die ganzen Erfolgs- und Wohlstandstheologien sind ein Schwindel. Ich tue das, was ich tue, aus Liebe. Weil Gottes Gegenwart und Freude da ist. Der Himmel ist sein, die Erde ist sein und ihr Miteinander ist sein.

Und ich bin sein. Und Sie.

Ich hoffe, dass Sie dieses Buch nicht als biografisches oder literarisches Werk betrachten, sondern als einen von einem Mitreisenden geschriebenen Reiseführer für die Lebensreise mit Jesus. Mein Gebet für Sie ist, dass Sie sich in der Vorfreude (und nicht mit dem Kalkül!) auf den Weg machen, dass der Vater Ihnen ganz nahekommen wird. Mögen diese Erfahrungen in Ihrem Leben größer werden. Mögen Sie einen Vorgeschmack bekommen auf das Kommen des Reiches, im Himmel wie auf Erden.

Wenn das geschieht, dann hat mein Beinahe-Tod, haben die langen Jahre meiner Behinderung und Krankheit, hat jede Schwierigkeit, Herausforderung und Freude in meinem Leben, hat all das – wirklich alles – einen Sinn gehabt, für den zu leben sich gelohnt hat.

Warum?

Weil der Vater es zum Himmel gemacht hat.

Dank

Dieses Buch hätte nicht geschrieben werden können ohne die vielen Helfer, die mir zur Seite standen. Ein von Herzen kommendes Dankeschön gilt den folgenden Personen:

Meiner ersten Familie: Elaine, Jarrod, Brett und Aaron.

Meiner zweiten Familie: dem Destiny Capital Team meiner Firma, das mir zeitlich den Rücken freihielt, um dieses Buch zu schreiben.

Meiner anderen zweiten Familie: Tracy und Ed, Diana und Josh, Marcia und Wes.

Meiner Glaubensfamilie in der Christ Community Covenant Church.

Meinem Gebetsteam: Wes, Judy, Jake, Hannah und Ed. Paul und Emily.

Meiner Glaubensfamilie in der Eastside Community Church und auf der Hope Ranch. Ihr habt dieses Projekt in der Praxis erlebt, als es noch nicht zu Papier gebracht war. Das Himmelreich Gottes ist nahe, im Hier und Jetzt bei euch.

Und schließlich dem Vater, dem Sohn und dem Heiligen Geist, die das Leben, das Sie auf diesen Seiten vorfinden, aufgebaut haben. Sie möchten auch zu Ihnen eine Beziehung aufbauen, die Ihr Leben verändert.

Samaa Habib

Ich kam zurück

Eine ehemalige Muslimin erlebt
den Himmel

Hardcover
ISBN 978-3-7655-0917-9
272 Seiten

auch als E-Book erhältlich

Der Gottesdienst ist gerade vorbei, als die Bombe deto-
niert. Mitten in dem ganzen Durcheinander und der Panik
versucht Samaa Habib, Menschen zu helfen. Bis die zweite Bombe explodiert. Dann wird es dunkel um sie. Als sie
wieder aufwacht, ist sie im Himmel. Dort sieht sie Jesus
in all seiner Herrlichkeit ... Samaa Habib wuchs in einer
islamischen Familie im Nahen Osten auf. Als Jugendliche
nahm ihr Leben eine unerwartete Wendung, als sie in Vi-
sionen und Träumen Jesus begegnet. Er heilt sie auch, als
sie nach dem Bombenanschlag schwerverletzt ins irdische
Leben zurückgekehrt. Seitdem ist sie eine leidenschaftliche
Botschafterin für Jesus, seine Liebe und Versöhnung.

BRUNNEN VERLAG GIESSEN
www.brunnen-verlag.de

Genelle Guzman-McMillan

Engel gibt's wirklich

Ich war 27 Stunden verschüttet
Eine wahre Geschichte

Taschenbuch
ISBN 978-3-7655-4321-0
192 Seiten

auch als E-Book erhältlich

Am 11. September 2001 verlässt Genelle Guzman morgens wie immer ihre New Yorker Wohnung. Ihre Arbeit im World Trade Center macht ihr viel Spaß. Doch dieser Tag verläuft völlig anders als erwartet. Sie erlebt den Anschlag auf die Zwillingstürme und wird verschüttet. 27 Stunden harrt sie eingeklemmt und schwer verletzt unter den Trümmern aus. In ihrer Angst und Verzweiflung findet sie schließlich im Glauben Halt.

Die letzte Zeit, bis sie von Rettungskräften gefunden wird, übersteht sie nur, weil jemand ihre Hand hält und mit ihr spricht: Paul. Als die Helfer Genelle endlich erreichen, verabschiedet sich Paul von ihr und verschwindet spurlos. Die Retter sagen, dass sie ihn nicht gesehen haben. Monatelang sucht Genelle vergeblich nach ihm, um sich zu bedanken. Kann es sein, dass Paul ein Engel war?